SCHULDEN MACHEN – ABER RICHTIG

Frank Bieber
1948 geb., studierte Soziologie, Volks- und Betriebswirtschaft und Psychologie.
Promotion über das Thema »Weltmarkt und soziale Not«.
Er war lange Zeit Dozent an einer Fachhochschule für Wirtschaft.
Für »Schulden machen — aber richtig« hat er sich juristischen Rat
bei seinem Bruder, einem Rechtsanwalt, geholt.

Frank Bieber

Schulden machen – aber richtig

Ein Ratgeber aus dem vollen Menschenleben: 365 Hinweise zum kreativen Schuldenmachen

Eichborn Verlag

Widmung

Für M. M., die sich auch ohne dieses Buch saniert hat.

CIP-Kurztitelaufnahme der Deutschen Bibliothek

Bieber, Frank:
Schulden machen – aber richtig: e. Ratgeber aus d. vollen Menschenleben / Frank Bieber –
Frankfurt am Main: Eichborn 1986
ISBN 3-8218-1051-3

 · Cover: Uwe Gruhle/Dö van Volxem · Gesamtherstellung: Fuldaer Verlagsanstalt GmbH · ISBN 3-8218-1051-3 · Gesamtverzeichnis schickt gern: Eichborn Verlag, D-6000 Frankfurt 70

Inhalt

DER GERICHTSVOLLZIEHER KOMMT –
UND GEHT AUCH WIEDER

OFFENBARUNGS-VERSICHERUNG UND FORDERUNGSPFÄNDUNG

Vorwort

Nicht rumbröseln mit diesen lächerlichen Kleinkrediten, sondern das Leben genießen, solange der (Kredit)vorrat reicht!

Naja, da besorgt man sich zum Beispiel einen Bürgen, der mehr wert ist, als ein Lohnstreifen – aber der gerade selbst pleite ist, wenn er zahlen soll. Verjubeltes Geld ist das schönste Geld, und da kommt keiner mehr ran. Ansonsten ist es das beste, man zahlt erst dann zurück, wenn man kann, und nicht, wenn der Gläubiger will.

Natürlich ist nicht jeder ein Typ wie Immobilienmakler Bernhard Hempel, genannt Bernie, der im geleasten Porsche fährt, den er kaum bezahlen kann, aber Millionen über seine Konten schiebt, von denen auch die Bank nicht weiß, wem sie gehören. Aber seine guten Ratschläge, die man in diesem Buch lesen kann, sind aus dem Leben gegriffen. Denn er kennt die Hochfinanz und die Betrügercreme genausogut wie den richtigen Umgang mit Mahnbescheid und Offenbarungseid.

Bernie berät seinen Bruder Hans Hempel, der sich mit einem Computer selbständig machen will:

- wie, wo und warum man Kredit bekommt,
- wie man mit Mahnung, Mahnbescheid und Klage umgeht, wenn man nicht zahlen will,
- wie man den Gerichtsvollzieher wieder nach Hause schickt und Geld und Gut sichert, bevor der Gläubiger es in den Griff bekommt,
- und schließlich, wie man nach dem Offenbarungseid sorgenfrei und schuldbelastet sein Weiterleben finanziert.

Selbst Vater Alois Hempel, der sich ganz redlich verschuldet hat mit Dispo und Kleinkredit für Auto, Möbel, Urlaub, und den Kurzarbeit zahlungsunfähig macht, lernt die Schulden auf die lange Bank zu schieben. Mit neuem BMW (gehört dem Großvater) und einem gut gepolsterten Sparbuch (im Besitz einer wohlmeinenden Nenntante) läßt auch er die Gläubiger warten, bis sie schwarz werden. Schließlich hat er die Wirtschaftskrise nicht eingebrockt, und vor dem Gesetz sind doch alle gleich.

Das zeigt auch Bernie Hempel immer wieder: wie es die Banker machen und die Steuerhinterzieher, die Abschreiber und Hochstapler, die es dann doch nicht so hart trifft. Denn: mal war es kein Betrug, mal waren die Betrogenen zu leichtsinnig, mal gibt es keine Kläger, mal keine Richter, die wissen, was Sache ist. Auf jeden Fall, die Maschen des Gesetzes sind weit. Es ist gut, wenn man sie kennt, um sich dran festzuhalten.

Allemal: Schulden machen allein ist kein Delikt. Im Gegenteil, je höher sie sind, desto ehrenvoller. Und man zählt gleich zur besseren Gesellschaft. Und die lebt in einer Wirtschaft, wo (!) man sich voll einschenkt. Und da wollten wir ja immer schon hin, oder?

Bevor man das Maß aber überlaufen läßt, lohnt es sich, Bernies Rat zu beherzigen und an einigen Kapitelenden die Checklisten zu lesen, damit man weiß, woran man ist.

Arbeitsloser wollte nicht nur Linsen essen

dpa Würzburg, 24. April

Er wollte nicht immer nur Linsen essen, sondern auch mal ein richtiges Stück Fleisch auf dem Teller haben. Dies erklärte ein wegen Bankraubes angeklagter 40 Jahre alter Arbeitsloser gestern vor dem Landgericht Würzburg als Beweggrund für einen Überfall auf eine Bankfiliale in Riedenheim bei Würzburg. Mit der Spielzeugpistole seines 13jährigen Jungen erbeutete er dort 31 000 Mark, wurde jedoch einen Tag später gefaßt.

Letzter Anstoß für die Tat, so der Angeklagte, war die Art und Weise, wie man ihn wenige Stunden vorher bei seiner Bank „abserviert" hatte. Er habe sich dort höchstens 200 Mark Haushaltsgeld auszahlen lassen wollen, weil er nicht mal mehr zehn Mark besaß. Als der Bankangestellte sagte, der Kontostand lasse keine Auszahlung mehr zu, habe er gefragt, wie er denn mit seiner Familie überleben solle. Als Antwort habe er bekommen, daß man es beim Schuldenmachen eben nicht soweit kommen lassen dürfe.

(so nicht nachmachen)

Für die Geschichten aus dem vollen Menschenleben haben sich die allgemein zugänglichen und verläßlichen Quellen von Tageszeitungen, STERN, SPIEGEL etc., deren Fleißarbeit ausdrücklich zu loben ist, angeboten.
Für die Zahlen, Daten und Paragraphen standen Fachveröffentlichungen, so vor allem FINANZIERUNG – LEASING – FACTORING (FLF), Broschüren der Banken und Sparkassen und nicht zuletzt die Gesetzestexte zur Verfügung.

Der Kredit – oder wie man ans Geld rankommt

Die Entscheidung

Der ganz normale Kleinkredit – so macht es Vater Alois

Es ist Januar, und es schneit. Hans Hempel ist ärgerlich: Diplom-Informatiker, die außer Studieren nichts gelernt haben, sind gerade nicht gefragt. Kein Geld, keine Arbeit und kein Skiurlaub: das ist ungerecht. Andere Leute haben alles drei, besonders Geld. Auf Arbeit könnte er ohne Mühe verzichten. Obwohl er Lust hätte, Programme auf einem noch so schäbigen Computer zurechtzuhacken. Anwendungsorientiert. Problembezogen. Eine Softwarefirma gründen! »Planlos International«. Aufträge würde er schon finden. Dann müßte er aber selber einen Computer haben. Personal Computer kosten an die 10 000 Märker. Alles in allem. Die müßte er erst einmal haben. Nur mit Geld kann man Geld machen. Also, woher nehmen und nicht stehlen?

Als erstes fallen einem da Freunde und Verwandte ein, die meistens ausfallen. Wer selbst kein Geld hat, kennt selten Leute, die Geld haben. Die viel mehr Geld haben als die dreihundert Mark, die man sich für die unerwartete Autoreparatur borgt.

Es schneit immer noch. Hans Hempel hat keine Lust, in seine kalte Einzimmerofenheizungswohnung zu gehen. Bei den Eltern Hempel ist zwar auch nichts zu holen, das weiß er, aber es ist geheizt; und es gibt etwas zu essen.

Vater Alois sitzt vor seinem Nachmittagsbier auf dem noch nicht abbezahlten Sofa, zu dem auch die Schrankwand und die beiden Sessel gehören. Er nimmt die Gelegenheit wahr, wieder einmal haarklein zu erläutern, auf was für einem abgesicherten Schuldenberg er da hockt, ganz zufrieden mit sich und der Welt. So wie ein gutes Drittel der deutschen Bevölkerung, die Kredite in allerlei Form aufnimmt. Zwei Drittel werden für Hausbau und Renovierung verschleudert, dann folgen Wohnungseinrichtungen und Autos. 45% der Leute wären zwar beunruhigt, wenn sie Darlehen aufnehmen müßten, aber da sind noch gute 46%, die – wie Vater Alois – Schuldenmachen sinnvoll finden. Das sehen Banken natürlich gern, wenn sich einer »haushoch« verschuldet. Und sie machen es einem ja auch leicht.

»Bargeld lacht. Bis zu 30 000 Mark.
Bis zu fünf Jahre. Bis bald. (Zitat!)
0,43% pro Monat entspricht bei 10 000 Mark Kreditsumme
11,40% p. a. Effektivzins bei 36 Monaten Laufzeit
inclusive 2% Bearbeitungsgebühr.«

So jedenfalls verspricht es eine Bank im Schaufenster. Die Bank verkauft also Geld wie der Bäcker Brötchen, sie legt es nur nicht ins Fenster. Ihr Gewinn ist der Zins. Der macht bei den oben erwähnten 30 000 Mark übrigens 5 244 Mark aus, die die Bank noch zusätzlich zum geliehenen Geld wiederhaben möchte.

Aber Banken sind nicht die einzigen Geldverleiher.

Knoeckel, Schmidt
Super-Kurs-Gewinner 1986

Der erstklassig gemanagte Papierspezialist (Börse Stuttgart) ist der US-$-Gewinner. 1984/85 durch blendendes Ergebnis vierte Dividendenerhöhung nacheinander auf DM 8,—. Nach dramatischen Preiseinbrüchen um 50% beim vorwiegend auf US-$-Basis gehandelten Rohstoff Zellstoff bei stabiler Absatzlage für Geschäftsjahr 1985/86 Gewinnexplosion sicher. Dazu durch Auslaufen eines Großleasingvertrages zum Ende des letzten Geschäftsjahres extreme Kostenentlastung von allein DM 7,— pro Aktie. Somit Gewinn pro Aktie mindestens DM 50,—.

Mittelfristig attraktive Kapitalmaßnahmen bei dieser unterkapitalisierten Gesellschaft zu erwarten. Wer also Material unter DM 500,— abgibt, dem ist nicht mehr zu helfen. **Zudem:** Wenn es stimmt, daß Großaktionär Cordier (über 85%) Knoeckel als Sprungbrett zur Börse für die Gruppe benut[illegible] dann gibt es nach oben kein Limit. Dann sind Kurse wie bei unserer Empfehlung Dinckelacker (z. Zt. DM 1150,—, höchst bisher DM 1700,—) möglich.

Fordern Sie unsere detaillierte Analyse an!

AG Börse Stuttgart, Postfach, 2105 Savetal 1.

»Kaufen Sie jetzt – Zahlen Sie später«,
so rät ein renommiertes Kaufhaus.
»Geld sofort – Personalausweis genügt«,
ist ein beliebter Werbespruch von Kreditvermittlern.

Und wie bei vielen gutverschuldeten Leuten sieht auch der Schuldenhügel von Vater Alois aus, recht bieder:

1. Das Anschaffungsdarlehen
Das Möbelhaus arbeitet mit der Teilzahlungsbank (TZB) zusammen. Alois muß für 5 000 DM Kredit in drei Jahren 5 910 DM zurückzahlen in monatlichen Raten zu 165 DM (effektiver Jahreszins: 11,87%). Knapp die Hälfte hat er schon bezahlt. Als Sicherheit hat er eine Lohnabtretung unterschrieben. Als zweiter Kreditnehmer hat Frau Agnes mitunterschrieben.

2. Der Autokredit
Die Autobank, das Kreditinstitut der German Motor Corporation, hat Alois damals, 1983, einen supergünstigen Kredit angeboten: 4% Effektivzins, damit ihre alte Neuproduktion von der Halde kam. Für die 10 000 DM, die Alois hier erhalten hat, braucht er monatlich nur 194,46 DM zurückzuzahlen, 60 Monate lang, insgesamt 11 668 DM rund. Die Firma ist mit ihrem Zinssatz so preiswert, um nicht die Fahrzeugpreise zu senken, aber trotzdem effektiv billiger sein zu können als die Konkurrenz. Hier hat Alois auch schon die Hälfte abbezahlt.

3. Der Dispokredit
Da hat ihm die Bank eine Kreditlinie in Höhe von zwei Netto-Monatslöhnen eingeräumt. Jeden Monat werden die Zinsen auf den Minusstand seines Kontos berechnet, der Zinssatz beträgt 10,25%. Das macht bei 4 000 DM Schulden (für die Goldene-Hochzeits-Reise nach Teneriffa) monatlich 34,16 DM aus.

Jawohl, nach Teneriffa, im **Februar.** Mit Mutter Agnes. Da habe er, Alois, einen Anspruch drauf, nach 25 Jahren. Endlich mal ins Warme. Und mit dem Abzahlen käme er gerade hin, das wären so um die 450 DM im Monat. Da bliebe freilich nichts übrig.

»Frag doch Bernhard, unsern Millionär, der kommt heute abend.«
»Weil er kein Geld zum Essengehen hat«, lästert Hans und liegt völlig richtig:
»Tut mir wirklich leid, Bruderherz«, sagt Immobilien-Manager Bernie, »ich bin im Moment gar nicht flüssig, aber meinen Rat

kannst Du natürlich haben: völlig umsonst und zinslos. Und wenn ich das große Projekt mit den Ferienhäusern in Spanien richtig im Griff habe, dann gibt es wieder Geld: bildschön, wie abgeschrieben.«

Das große Rad drehen – und was Bruder Bernie davon hält

Dann holt Bernhard Hempel zu seiner Theorie des Geldmachens aus: Sein Geld für sich arbeiten lassen, ist schon gut, das Geld anderer Leute für sich arbeiten lassen, ist besser. An das muß man rankommen.

Informatiker mit Computer unterm Arm sucht Aufträge! Schon falsch. Du mußt umgekehrt fragen:

1. Wer hat Geld, das er loswerden will?
   Da gibt es drei große Gruppen:

- **Die Steuersparer:**
  gut für Abschreibeprofis, Anlagen-Jongleure und Spendenorganisationen
- **Die Verunsicherten:**
  gut für Versicherungen und Lebenshilfen aller Art wie Partnervermittlungen, Sekten oder Management-Trainer
- **Die Banken (na klar!)**

2. Wer kann solche Leute von ihrer Last befreien?

Am besten, man selbst. Oder man sucht sich Mitarbeiter, die solange mit dem Geld dieser Leute arbeiten, bis es auf einem eigenen Nummern-Konto sicher ist. Da arbeitet es ja bekanntlich ungestört von allein weiter. Oder man verjubelt es gleich. Das macht, wie der Name schon sagt, ja auch mächtig Spaß. Voraussetzung ist natürlich, daß man das Geld auch wirklich haben will und die Gesetze des kapitalistischen Fortschrittsdurcheinanders ein bißchen kennt.

Nützliche Mitarbeiter sind immer: Anwälte, Politiker, Journalisten etc. Denn wo Geld gehobelt wird, da fallen Späne. Und die müssen groß genug sein, damit so häßliche Dinge wie Bestechung (gutes menschliches Einvernehmen), Steuerhinterziehung (Förderung des

Gemeinwohls) oder gar Betrug (verzeihlicher Irrtum bei sträflicher Einfalt der Betrogenen) ins rechte Licht gerückt und im Gesamtzusammenhang der wirtschaftlichen Entwicklung gedeutet werden können. Nur so reinigt der Zweck die Mittel, der ansonsten natürlich strafbar ist.

Selbstverständlich, wo viel und schnell Geld verdient wird, sind leicht alle Kragen grau. Eine Kosten-Nutzen-Analyse ist angebracht. Je 100 000 veruntreuten, ertrogenen Deutschen Mark darf man mit einem Jahr Knast rechnen. Drunter ist bei Ersttätern auch Bewährung möglich, bei mehr gibt's Rabatt. Oder wie Brecht in der Dreigroschenoper schon singen läßt: »Was ist der Einbruch in eine Bank gegen die Gründung einer Bank.«

»Ich will«, sagt Hans Hempel, »aber weder eine Bank überfallen, noch gründen, sondern nur einfach Kredit.«

Dann ist es am besten, Du suchst Dir 'nen Job als städtischer Angestellter oder bei einer Landesbehörde. Da kann man »sein« Geld bekommen ohne Zinsen. Man zahlt 0 oder 1 Prozent, die ersten sieben Jahre braucht man nicht einmal tilgen, wie in Köln. In Bremen gibt es bis zu 10 000 DM als zinslosen »Vorschuß« aufs Gehalt, und die Laufzeit beträgt acht bis vierzehn Jahre.

Bund, Länder und Gemeinden begründen diese Fürsorglichkeit mit ihrer Fürsorgepflicht, eine Sozialleistung. Die Zinsen zahlt natürlich jemand, aber nicht der Kreditnehmer, sondern der Steuerzahler. Da die öffentlichen Hände ohnehin Schulden machen müssen, müssen sie auch für die ausgebenden Darlehen Zinsen zahlen: Steuergeld.

Also, wer bei einer Behörde arbeitet, sollte erst einmal da fragen, ehe er zu einer Bank geht.

Das gilt übrigens allgemein. Gerade Großunternehmen pflegen das sogenannte Arbeitgeberdarlehen, was nicht so heißt, weil sie aus ihren Arbeitnehmern Arbeitgeber machen, sondern weil sie sich mittels preiswerter Freundlichkeiten loyale Arbeitskräfte erhalten wollen. Allerdings, wie oft im Leben, je höher die Position, desto größer der fast zinslose Kredit.

Aber das richtig große Geld ist das auch nicht.

BERNIE RÄT:

Es gibt beim Schuldenmachen zwei Wege.

Man kann es so machen wie Vater Alois. Der Angelpunkt ist die eigene Arbeitskraft und man versucht, sich gegen die Krise der Zahlungsunfähigkeit abzusichern. Der Kredit ist ein typischer **Konsumentenkredit.**

Auf diese Weise kommt man aber natürlich nicht an die wirklich schönen und teuren Güter dieser Erde. Da bedarf es einer anderen Sichtweise der Dinge und eines entsprechenden Lebenswandels. Man muß sein Leben nicht auf die Arbeitskraft, sondern auf den Kredit selbst bauen. Denn das große Geld verdient man nicht mit seiner Hände Arbeit, sondern mit Geld, das man sich geliehen hat.

Dazu muß man die Krisen nicht von vornherein abzusichern suchen, sondern sie mit einkalkulieren und dann tatkräftig angehen. Der Kredit ist dann auch kein schlichter Konsumentenkredit mehr, sondern ein wunderschöner **Investitionskredit**, dessen Konsumanteile höchst beachtlich sind. Auf diesen Weg werden wir Bruder Hans schon bringen. Noch traut er sich ja nicht so recht.

Der Kreativ-Kredit: Wie es Hans machen könnte

Wer einen Investitions- oder Betriebsmittelkredit bekommen will, braucht im Grunde nur eine pfiffige Idee (ein **bißchen** Geld) und ein paar Vorkehrungen zu treffen, die hauptsächlich im Ausfüllen von Formularen bestehen. Das wichtigste Papier ist zunächst der Gewerbeschein vom Gewerbeaufsichtsamt. Und dann macht man eben, was einem da so in den Sinn gekommen ist, irgend etwas, das nicht so heftige Erstinvestitionen erfordert. Da bietet sich Handel und Handwerk an. Ob es nun Kunst oder Schnaps ist, ein Portraitstudio (mit der alten Spiegelreflexkamera), ein Schreibbüro, ein Antiquariat oder Trödelgeschäft, man verkauft sich als Dachrinnenreiniger, Immobilienmakler oder »fliegender Hauswart«, Hans Hempel eröffnet, weil es ihm so liegt, die Programmier-Fabrik: Planlos International.

Für Leute, denen ausreichende Bildungschancen verwehrt waren, bietet es sich am ehesten an, anderen Leuten bei deren Kapitalbildung zu helfen. Als Anlageberater z. B. für die Bambo AG. Oder als Agent für das »–bep–bewußtseinserweiterungs-programm«. Solche Unternehmen ernst zu nehmen, erfordert schon ein verengtes Bewußtsein, Geld kann es aber allemal bringen: für den Vermittler. Am Samstag in der FAZ oder Welt werden manchmal händeringend Kapitalberater gesucht. Man kann auch selbst aktiv werden und Anlagefirmen anschreiben, sich als Vermittler andienen. Hauptsache, man hat eine Krawatte und kann auch sonst Eindruck machen, denn: Egal ob die Kapitalanlage gut oder schlecht ist, **der Vermittler verdient immer.**

BERNIE HEMPEL PACKT AUS:

So etwa hat es einer der Größten der Branche gemacht: Ernst Willner. Der hatte für 100 oder 200 Millionen Mark Zahn- oder andere Ärzte angebohrt, die in die Ölbohrlöcher von »Mega Petrol« ihre Steuergelder stecken wollten. Das war nicht genug. Es fehlten noch ein paar Millionen, um den Fonds zu schließen. Damit dies geschehe, zeichnete Kapitalanlageberater Willner selbst für, na, was soll ich sagen, 10 oder 20 Millionen Anteile, kommt ja nicht drauf an, ohne zu wissen, wie bezahlen. Das brachte ihm zwei Vorteile: Er konnte seinen Kunden vertrauensvoll belegen, daß er selbst mit von der Partie war, und zweitens strich er für die Selbstvermittlung die üblichen 8–18% Vermittlungsprovision ein. Bei Millionenbeträgen kommt da ein netter Lebensunterhalt zusammen ohne schweißtreibende Arbeit. Allerdings brachte der Fonds – wie zu erwarten – nicht die versprochenen Gewinne, und Herr Willner soll nun der Bayrischen Landesbank die Mille zurückzahlen, die sie ihm für seine Transaktion geliehen hatte. Und der ziert sich mit dem Hinweis, die Bank hätte niemals eine so wagnisreiche Sache finanzieren dürfen. Bei Zig-Millionen-Krediten ist man aber wie unter Brüdern, selbst wenn man miteinander prozessiert.

Hans hat aber etwas gelernt, und er versucht es damit: Er holt sich den Gewerbeschein für Planlos International (Programmierung en gros und en detail) und geht nicht mehr als kleiner Hans Hempel zur Bank, sondern als hoffnungsfrohes Unternehmen. Geld gibt's trotzdem nicht ohne Bürgen: Am Anfang.

Wenn sich dann einige Monate lang auf dem Geschäftskonto Geld hin und her bewegt hat, kann der Betriebsmittelkredit auch ohne

Bürgen aufgestockt werden. Auf die persönliche Haftung des Unternehmers hin darf in der Regel jeder Zweigstellenleiter bis zu 50 000 DM (je nach Bank unterschiedlich) als Überziehungskredit auf den Tresen blättern. Dabei bleibt ihm weitgehend selbst überlassen, ob und welche Sicherheiten er verlangt. Das hängt vom Vertrauen ab, vom persönlichen Eindruck, den er von Hans Hempel und seinen Geschäften gewinnen kann.

Die Geschichte so anfassen, bringt – auch bei dem winzigen Kredit von 10 000 DM, den Hans sich so vorstellt (wir werden sehen, wie schnell sich das ändert) – eine Menge Vorteile: Steuervorteile, die einem auch das Privatleben erheblich erleichtern:

In seiner Wohnung kann man ein Zimmer als Büro absetzen, 90% der Autokosten (Sprit, Versicherung, Reparatur, Steuer), 2/3 der Telefonkosten, Porto und Papier und tausend andere Dinge, die alle plötzlich zum Geschäft gehören. So wie der Steuerberater. Den kann man sich in der Regel leisten von dem Geld, das seine Tips einem ersparen, und von der Steuer ist der Berater ja sowieso abzusetzen.

Das gilt ebenso selbstverständlich auch für alle freiberuflich Tätigen, denn sie brauchen nur aus öffentlich-rechtlichen Gründen keinen Gewerbeschein und dürfen zu allem Überfluß auch keine Gewerbesteuer zahlen. An ihrer Kreditwürdigkeit ändert das nichts.

Einige Jahre geht das allemal gut, auch wenn man nichts rechtes verdient. Nach sechs bis acht Verlustjahren allerdings stempelt einem das Finanzamt die gute Idee zur Liebhaberei, und dann darf man auch nichts mehr steuerlich absetzen, selbst wenn man weiter Dachrinnen saubermacht oder Programme schreibt. Aber das ist lange hin.

BERNIE RÄT:

Der beste Kredit unter den Bankkrediten ist der Betriebsmittelkredit. Wer die dumpfen Niederungen des Konsumentenkredits mit einer Idee verlassen kann, bekommt nicht nur mehr Geld auf einmal, sondern auch noch die Steuervorteile und ein angenehmeres Privatleben.

CHECKLISTE:

— Oma schon angepumpt?
— Allen Bekannten und Freunden wegen Kohle auf die Nerven gegangen? (Nur die, die man gerne verliert)
— Sich das drohende Erbe schon auszahlen lassen?
— Schon geheiratet (z. B. wegen Ehestandsdarlehen in Berlin)?
— Personalchef wegen Arbeitgeberdarlehen gefragt?
— Muß es überhaupt ein Konsumentenkredit sein?
— Wo ist die zündende Firmenidee?
— Wer weder Kapitalanlagen vermittelt noch Horoskope berechnen will, für den ist die beste Idee »Die Geschäftsidee« von Norman Rentrop (Theodor-Heuss-Straße 4, 53 Bonn), der in seinen Broschüren nicht nur vorschlägt, was man machen soll, sondern auch, wie. (Übrigens: damit verdient er mehr Geld, als wenn er es selber machen würde.)
— Gewerbeschein beim Gewerbeaufsichtsamt holen.
— Bei der Industrie- und Handelskammer nachfragen, ob das, was man machen will, besonderen gesetzlichen Vorschriften unterliegt (Auskunft kostenlos – aber später zahlt man Beiträge).
— Konto bei der Bank eröffnen. Da wollen die den Gewerbeschein sehen: Planlos International, Inhaber Hans Hempel.
— Steuerberater besorgen (so einen läßt man sich am besten empfehlen), damit bei der Buchhaltung alles o. k. läuft.
— Noch so bescheidene Umsätze machen und über das Konto laufen lassen.
— Idee und kaufmännische Vorstellung säuberlich drapieren und (ggf. mit Steuerberater oder Anwalt) um ein »persönliches Gespräch beim Herrn Zweigstellenleiter« nachsuchen. Da lernt man sich persönlich kennen. Ein künftiger Kunde ist geboren. Oder so.

So, nun ist alles gesagt, was gesagt werden muß. Auch Hans Hempel fängt ja klein an, aber nur so kommt man groß raus: wenn man nicht zu klein anfängt.

Die Information – Das Kreditwesen in der BRD

Die Schalterhalle ist gut geheizt, an den Wänden hängen die Aquarelle eines unbekannten Künstlers »Unsere Welt mit den Augen des Malers«. Bauernhäuser neben Starkstromleitungen, Industrielandschaften bei untergehender Sonne. Hans Hempel kennt schon seit Jahren diesen prüfenden Blick der Angestellten: freundlich, aber unbestimmt.

»Ich möchte von Ihnen einen Kredit haben!«

»Da berät Sie gerne unser Fräulein Mayer«, sagt der immer adrett gekleidete Schaltermann. Hans Hempel setzt sich vor den Schreibtisch und findet Fräulein Mayer ungemein angenehm.

»Haben Sie bei uns ein Konto?«

Sie holt sich die Unterlagen, schlägt die Karteikarte um und sagt: »Kein Problem, wieviel soll es denn sein?«

»Ich dachte so an 10 000 Mark.«

»Sehr schön.«

Sie holt ein Kreditformular heraus.

»Wir brauchen jetzt nur ein paar Angaben über Ihr monatliches Einkommen . . .«

Sie schaut ihn fröhlich und selbstverständlich an.

»Ich habe kein monatliches Einkommen.«

»Sie brauchen nur die Arbeitsbescheinigung vorzulegen . . .« Aber da merkt die clevere und auch noch hübsche Marlene Mayer, daß die Sache so normal wie immer hier nicht läuft. Sie schaut also fragend.

»Ich bin arbeitslos, verstehen Sie, deswegen brauche ich ja das Geld, um einen Computer zu kaufen, damit ich Programme schreiben kann, die ich dann verkaufe und dann . . .«

Fräulein Mayer schaut sehr bedauernd.

»Und haben Sie keine anderen Sicherheiten?«

»Wie meinen Sie das?«

»Immobilienbesitz, Wertpapiere, Lebensversicherung, einen Bürgen.«

Hans Hempel kann sich nicht erinnern, solche Dinge jemals besessen zu haben oder einen vertrauenswürdigen Bürgen zu kennen.

Weil er also nichts anbieten kann und er nicht weiter in das so bedauernd blickende Gesicht einer sonst sehr ansprechenden Bankangestellten schauen will, bietet er eine gemeinsame Tasse Kaffee an, die Fräulein Mayer, interner Bankweisung gemäß, zunächst ausschlägt.

Überzeugend wirkt Hans erst mit dem Argument, es handele sich um ein **Arbeitsessen**, bei dem in angenehmerer Atmosphäre und **steuerlich absetzbar** erörtert werden könnte, wie er doch noch an einen Kredit komme. Fräulein Mayer hält Zweifel aufrecht, sagt dann doch zu: »Wir können uns im Café gegenüber treffen. Halb fünf.« Diese zupackende Antwort gefällt Hans Hempel.

Während sie Kaffee trinken, von dem noch unklar ist, wer ihn bezahlen wird, erläutert Marlene Mayer ein paar Grundkenntnisse über das Kreditwesen in der BRD:

Geld leihen kann man in Deutschland **nur bei Banken.** Oder anders herum: Wer einem Geld leiht, ist ein **Kreditinstitut** und fällt unter das KWG, das Bundesgesetz über das Kreditwesen. Und dieses Wesen wird von einem **Bundesaufsichtsamt** beobachtet. Es gibt noch ein paar andere Geldverleiher bzw. Einrichtungen, die das Bankgeschäft betreiben, die anderen Regelungen unterstehen:
Die Deutsche Bundesbank
Die Deutsche Bundespost
Die Kreditanstalt für Wiederaufbau
Die Versicherungen und
Die Pfandleihanstalten.

Bei der **Bundesbank** kann man als Privatmann ohnehin nichts leihen, sie ist das Kreditinstitut der Banken, die Bank der Banken.

Die **Bundespost** leiht nur Geld, wenn man sie zwingt, indem man seine Telefonrechnungen nicht bezahlt. Ansonsten ist das Postscheckamt mit Überziehungskrediten genauso knausrig wie mit »richtigen« Krediten: sie gibt keine! (Bis zu 1000,– probieren.)

Bei der **Kreditanstalt für Wiederaufbau** (KfW) kriegt man Geld aus dem ERP-Existenzgründungsprogramm (Was ist das denn? Siehe unten) oder wenn man ins Ausland exportiert oder gleich selber ein Entwicklungsland ist.

»Aber Sie sehen nun gar nicht unterentwickelt aus«, sagt Marlene Mayer und vertreibt damit seine Gedanken, ob er sich solche Aufzählungen noch weiter reinziehen soll.

BERNIE HEMPEL PACKT AUS:

Also versuchen muß man alles. So hat sich ein Trio aus zwei im Geschäft ergrauten Kaufleuten und einem Maschinenschlosser trotzdem erfolgreich an die Post herangemacht: Sie studierten die Schwachstellen des Postschecksystems und kamen darauf, daß bei Postbarschecks schon nach einigen Abhebungen nicht mehr geprüft wird, ob diese auch gedeckt sind.

Jetzt eröffneten sie 24 Konten bei Postgiroämtern überall in Berlin und der Bundesrepublik, teils durch Mittelsmänner, und ließen sich bei bis zu drei Abhebungen pro Konto rund 3 000 Mark auszahlen. Macht: 72 000 Mark. Das ist natürlich nur ein Vier-Wochen-Job, der die Vorarbeit eines zunächst korrekten Zahlungsverkehrs benötigt. Ne Menge Schreibkram, aber wer in **dem** *Gewerbe arbeitet, hat ja sonst den ganzen Tag nichts zu tun. Und kann sich immer neue Sachen ausdenken. So hat das Trio noch auf die »Goldene Kundenkarte« eines bekannten Kaufhauskonzerns zurückgegriffen und dort ein leeres Konto angegeben. Bei Versandhäusern wurde bestellt und nicht bezahlt. Auf diese Weise verlebten sie schöne fünf Jahre zwischen 1980 und 1984 und verbrieten insgesamt 350 000 Mark. Daß sie ihren Lebensunterhalt auf so unsittliche Weise bestritten hätten, bestritten sie allerdings vor dem Richter. Und auf dem lastet jetzt der Beweis. Den er aber geschafft hat.*

Jede größere Bank hält einen »Praktischen Ratgeber für Existenzgründer« unter ihrem Ladentisch parat. Die vielfältigen Möglichkeiten, Landes- oder Bundesmittel locker zu machen und was dabei zu beachten wäre, werden auf knappen hundert Seiten erläutert. Unter anderem auch das aus dem European Recovery Program (ERP) stammende Leihkapital, mit welchem die Amerikaner einst begonnen haben, bei uns Wirtschaftswunderliches zu entwickeln. Von dem Geld ist immer noch was da.

Wer den Aufstieg mit öffentlichem Geld noch etwas tiefer anfangen will, der kann sich auf das **Bundessozialhilfegesetz** stützen. Dazu hätte Hans eine Chance, wenn er, statt schlicht arbeitslos zu sein, Sozialhilfe beantragen würde. § 30 des Gesetzes erlaubt **Kredite** für **Sozialhilfeempfänger** (Pommesbudenparagraph) für den Einstieg in kleine, aber existenzsichernde Geschäfte ohne unbedingt innovativen Charakter. Aber wie immer bei öffentlichem Geld: Viel Papierkrieg und langer Atem ist notwendig.

Antrag an die KfW **Kreditanstalt für Wiederaufbau**

Durchleitendes Kreditinstitut:

Hausbank:

Antragsteller:

Name/Firma:
(laut Handelsregistereintrag.)

Straße/Hausnummer:

PLZ / Ort:

Rechtsform: (Zutreffendes bitte ankreuzen) ☐ Einzelfirma ☐ oHG ☐ KG ☐ GmbH ☐ öffentl. rechtl. Rechtsform oder Eigenbetrieb
☐ GmbH & Co KG ☐ Ges. bürg. Rechts ☐ AG ☐ eG ☐ ______

Original für KfW
KN-NR.:
DK-Nr.:
Obligo:
Datum:
Sachbearbeiter
Telefon:
(von der KfW auszufüllen)

Gegenstand des Unternehmens:
(Produktions- und Leistungsprogramm) ______

(falls zutreffend, bitte ankreuzen)

Branche: ______ (______) Handwerk: ☐ Großhandel: ☐ Einzelhandel ☐

Kreditprogramm: ______
(Kurzbezeichnung lt. Merkblatt)

(Zutreffendes bitte ankreuzen)
ggf. KfW Finanzierung erwünscht ☐ ja ☐ nein

Beantragter Kredit: ● TDM ______ Laufzeit ___ Jahre, davon ___ Freijahre

von der KfW bereits Kredite erhalten/beantragt ☐ ja ☐ nein

Gemeinde: (______) ______ Kreis: ______ Land: ______
(Investitionsort) PLZ

Investitionsplan ●	TDM (ohne MWSt.)
Grunderwerb (am ______)	
Gewerbliche Baukosten	
Baukosten Wohnung(en)	
Maschinen/masch. Anlagen	
Einrichtungen	
Fahrzeuge	
Summe	

Finanzierungsplan	TDM
Beantragter Kredit	
Invest.-Zulage/Zuschuß	
andere öffentliche Mittel	
(davon Bundesmittel)	
Sonst. langfr. Fremdmittel	
Eigenmittel/Eigenleistung	
Summe	

Bitte Erläuterungen beachten

Wirtschaftliche Verhältnisse des Antragstellers in TDM per ______ 19 ______ ●

	Berichtsjahr	Vorjahr		Berichtsjahr	Vorjahr
			Gesamtleistg. bzw. Umsatz		
Umlaufvermögen			*davon Export*		
davon Vorräte			**Abschreibungen**		
Anlagevermögen			a. o. Ergebnis		
davon Finanzanlagen			**Jahresergebnis**		
BILANZSUMME			EEV-Steuern		
langfristige Fremdmittel			Pers'kost. m. Soz. Abg.		
Eigenmittel			Aufw. f. Roh-, Hilfs- u. Betriebsstoffe einschl. bezog. Waren		
davon haftend			derzeit Beschäftigte:	zusätzl. Arbeitsplätze:	

Von der KfW auszufüllen

Investitionsziel ☐
Verwendungszweck ☐
Branche/Invest.-Bereich ☐☐☐☐☐☐

Einplanung:

Einstufung: Grundl. Rat./Umst./Erricht./Erweit./Umweltsch.
Vorschlag: ERP **KfW-Eigenmittel**
Kürzung/Ablehnung wegen: Kürzung/Ablehnung wegen:
Z/A ______ L/F ______ Z/A ______ L/F ______

Genehmigt:
Obligo bish. ______
Kredit(e) ______
Gesamtobligo ______

______ 1. Unterschrift
______ 2. Unterschrift

Von der KfW auszufüllen

KfW 166-1/80

Versicherungen, da wäre etwas zu holen, wenn Hans eine hätte. Lebensversicherungen leihen zwischen 30% und 60% der Versicherungssumme zu drei bis fünf Prozent weniger Zinsen als marktüblich. Das hängt davon ab, wieviel einbezahlt worden ist. Solange der sogenannte »Rückkaufwert« noch sehr klein ist (er entsteht erst nach etwa drei bis sieben Jahren und beträgt dann bei einer Versicherungssumme von 50 000 DM vielleicht 2000 bis 3000 DM), lohnt sich die Sache nicht. Nicht alle Versicherungen leihen Geld, können aber bei der Bank als Sicherheit angeboten werden.

»Ich hoffe«, sagt Hans, »Ihnen ist lieber, ich bin jung und hab keine beleihbare Lebensversicherung, als ich bin alt und hab jede Menge Rückkaufbares angespart.«

»Am besten ist es, Sie haben Geld, das mit der Jugend läßt sich dann immer noch regeln.«

»Naja, deswegen hör ich ja auch so brav zu.«

»Sie können natürlich immer noch zum **Pfandleiher** gehen und Ihre Stereo-Anlage abgeben, allerdings werden da kaum 10 000 DM zusammenkommen.« Früher war der Pfandleiher die einzig Chance der normalen Leute, Geld flüssig zu machen. Persönliche Kredite, Kleinkredite, Ratenkredite, Anschaffungsdarlehen, wie immer sie heißen, gibt es überhaupt erst seit etwa 1960. Damals machten sich die Kreditinstitute noch Sorge, ob Otto nicht nur normal verbraucht (besser: mehr als normal), sondern ob er auch normal zurückzahlt, damit sich das Geschäft lohnt. Darum mußte man sich allerdings nie Sorgen machen: nur etwa 4% dieser Konsumentenkredite werden nicht zurückgezahlt. Die Zahlungsmoral von Otto Normal ist optimal. »Die Ratenkreditbanken gehören zusammen mit den Sparkassen und Kreditgenossenschaften zu den Spitzenverdienern im Bankgeschäft.« (FAZ, 21. 8. 84)

Zu den wirklichen Spitzenverdienern im Bankgeschäft gehören natürlich die Vorstandsmitglieder: bei der Dresdener Bank z. B. strichen sie im Durchschnitt 827 144 DM im Jahr ein und müssen sich um ihre Existenz keine Sorgen mehr machen.

BERNIE HEMPEL PACKT AUS:

Es ist immer gut, wenn man an der Quelle sitzt. Ich erinnere mich an den Devisenhändler Dany Dattel und seine sechs »Goldjungs«, wie sie im Branchenjargon hießen: Bankangestellte, die am großen Rad drehten, bis die Speichen brachen. Ihr bekannt nervenaufreibender Job bestand im Kaufen und Verkaufen von Gold und fremden Währungen für die Herstatt-Bank, deren Kunden und für sich selbst. Der Gewinn liegt in der Wechselkursdifferenz. Die Kurse erfahren die Händler per Telefon und Telex von den Devisenbörsen in Frankfurt, London oder New York. Sie beteiligen sich an Angebot und Nachfrage durch für den unbedarften Zuschauer unverständliche Rufe in die verschiedenen Telefonhörer. Später am Tag wird per Telex bestätigt und noch später Gewinn und Verlust in den Bankcomputer gestopft. Alles klar?

Der Dreh der »glorreichen Sieben« bestand nun darin: Sie kauften, sagen wir mal, 10 Millionen US-Dollar ein, das Stück zu 2,8434 DM. Das macht lockere 28 434 000 DM. Und als gegen Börsenschluß der Dollar etwas besser stand, nämlich bei 2,9152, verkauften sie den Schmonzes wieder und hatten immerhin: satte 718 000 Emmchen Gewinn. In diesem Fall hatten sie dann z. B. mit der Hälfte eigenem Kapital gearbeitet und schrieben sich 359 000 gut. Selbst geteilt durch sieben ist das nicht schlecht. Der Gag ist natürlich, daß der Dollar auch sinken kann und dann Verluste zu verzeichnen sind. Na schön, dann hat es sich eben um Bankgeld gehandelt. Solche Verluste müssen dann die Anteilseigner tragen. Eine sichere Sache also. In zwei Jahren setzten die cleveren Boys von Köln rund zehn Milliarden Mark um und gewannen alles in allem ebenso runde 80 Millionen. Dabei zählte der älteste von Dany's Mannschaft gerade 30 Lenze. Eigenheim und Porsche waren Standard. An dem Spiel beteiligten sich schließlich bis zu zwanzig Leute: Frauen, Freundinnen, Kollegen. Auch Bankbesitzer Herstatt hatte Bedarf und ließ sich von den Dattel-Leuten Geld machen, obwohl ihm mulmig war, denn er senkte die Grenze solcher Privatgeschäfte von anfänglich zehn auf später 1 Million Mark. Aber da war es wohl schon zu spät. Die Sache ging wie beim Roulette, nur daß die Bank der Spieler war und entsprechend verlor: 1,2 Milliarden betrug die Pleite. Das war 1974. Und jetzt kommt der Clou:

Es dauerte sechs Jahre, bis überhaupt Anklage wegen »schwerer Untreue« gegen die Spieler erhoben wurde, weil die Justiz soviel damit zu tun hatte, alles zu verstehen und dann den hauptverantwortlichen

Managern der Bank an die Hosen zu fassen. Die bekamen auch nur zweieinhalb Jahre und durften dafür zusätzlich 45 000 DM berappen.

Die Goldjungs hatten jedenfalls fast zehn Jahre Ruhe, ehe die Justiz sich doch noch mit ihnen beschäftigte, kurz vor Ablauf der Verjährungsfrist. Es gab auch ein paar Jährchen. Aber wenn sie ihr Geld gut verstaut haben, vielleicht auf ausländische Konten oder bei Freundinnen, denn die trifft der Arm des Gesetzes ja sowieso nicht, was ist da schon auszustehen? Naja, Dany Dattel jedenfalls hatte schon gleich nach dem Bankzusammenbruch in seiner Kölner Villa zwei Telexe und mehrere Telefone stehen und handelte weiter mit Devisen. Gelernt ist gelernt.

Also, wenn man heute die Banken fragt, welche Berufsgruppen bei ihnen Konsumentenkredite kaufen, dann kommt folgende Tabelle dabei heraus:

Erwerbstätigkeit und Berufsgruppe des Kreditunternehmers nach kreditgebender Bank

	Großbanken	Sparkassen	Genossenschaftsbanken	Teilzahlungsbanken	Sonstige Banken	insgesamt
Arbeiter	41	48	44	58	46	47
Angestellte	43	33	38	22	33	34
Beamte	8	10	10	5	12	9
Selbständige	4	2	2	4	3	3
Nicht-Erwerbstätige	3	8	6	11	6	7
Summe	100%	100%	100%	100%	100%	100%

Quelle FLF, 2/83 S. 42.

Wie man sieht, machen Arbeiter und Angestellte bei allen Banken den Großteil der Konsumkreditnehmer aus. Selbständige fallen nicht ins Gewicht, weil z. B . bei einem Investitionskredit (Ein Arzt richtet seine Praxis ein) auch immer ein Firmenwagen abfällt, dessen private Nutzung kaum überprüft werden kann. Einmal abgesehen davon, daß mancher Selbständige ja auch genug verdient, um auf Konsumentenkredite verzichten zu können.

»Und was ist mit den Nicht-Erwerbstätigen? 11% der Kunden der Teilzahlungsbanken sind schlicht ohne Arbeit. Fragen denn nicht alle nach einer Arbeitsbescheinigung?«

»Die Antwort ist sehr einfach. Einige dieser Kunden sind während der Laufzeit ihrer Kredite arbeitslos geworden, andere, das dürfte die Mehrzahl sein, etwa Hausfrauen, Schüler, Studenten, Rentner, haben einen Bürgen beigebracht oder sind über einen sogenannten Kredithai vermittelt worden, der es mit den Arbeitsbescheinigungen nicht immer so genau nimmt wie eine Großbank.« Von hundert Kunden, so weiß Marlene von einem Hai, mit dem sie im Sommer Schwimmen war, machen höchstens fünf wahrheitsgemäße Angaben zur Person. Polizeiinspektoren verschweigen Kredite, Angestellte erinnern sich nicht an Zahlungsbefehle und Geschäftsleute vertuschen den eben geleisteten Offenbarungseid. Alles Kunden zweiter Qualität, die ganz klar Kreditbetrug (siehe Kapitel »Das Formular«) begehen. Das wissen die Vermittler, aber sie wollen ja ihre Kunden behalten, und deshalb lassen sie sie nicht verhaften. Tatsächlich zahlt in den Niederungen des Kreditgewerbes jeder Dritte sehr bald nicht ordnungsgemäß zurück; das macht Ärger und Verwaltungsaufwand. Am sorgfältigsten sind allerdings die Hausfrauen, die sich vor der Entdeckung durch den eigenen Ehemann fürchten. Natürlich treiben auf lange Sicht die Banken ihre Außenstände schon ein. Sonst könnte der Vorstand doch nicht so viel verdienen.«

»O.k.«, sagt Hans, »warum gehe ich dann nicht zu einem Kredithai: Geld sofort — Personalausweis genügt!«

»Kannst Du machen, denn der Kredithai hat inszwischen auch schon sehr stumpfe Zähne. Er verleiht übrigens selbst kein Geld, sondern ist **Kreditvermittler.** Du kannst also auch gleich zu einer **Teilzahlungsbank** gehen. Denn meistens vermitteln diese Leute Kleinkredite bis 5 000 DM in Zusammenarbeit mit den bekannten Kreditinstituten. Die arbeiten wie Versicherungsvertreter. Ihr Gewinn setzt sich zusammen aus einer Provision von 3,5%—5%, die ihnen die Bank zahlt und 2%—4% Bearbeitungsgebühren, die zusammen mit den ohnehin höheren Zinsen von Teilzahlungsbanken sich auf Effektivzinsen bis weit über zwanzig Prozent summieren können. 1983 etwa waren Teilzahlungsbanken und Vermittler im Durchschnitt mit ihren effektiven Jahreszinsen um 5% bis 12,5% teurer als normale Geschäftsbanken. Ratenkreditbanken legen 21% aller Kredite aus. Sie sind im Durchschnitt ein Drittel teurer als »normale« Banken.

Manchmal vertreten die Kreditvermittler auch ausländische Firmen, wie zum Beispiel die Cash AG aus Liechtenstein, die nicht unter Aufsicht des KWG operieren müssen, aber eine Verdienstbescheinigung wollen die meisten doch sehen. Und wenn es bei der Hausfrau die des Mannes ist, die sie heimlich kopiert hat. Allerdings machen solche vermittelten Kredite nur 4—5% der über 70 Milliarden DM bankmäßigen Kleinkredite pro Jahr aus.

Also **billiger als bei der Bank** bekommst Du in unserem Gewerbe nur noch Geld, wenn es Dir gelingt, einen **sittenwidrigen Kreditvertrag** abzuschließen. Seit die Rechtsprechung etwas klarer geworden ist in diesem Punkt, läßt sich nämlich folgende Rechnung aufmachen:

Sittenwidrig ist ein Kreditvertrag im wesentlichen dann, wen er drei Merkmale erfüllt:

— die Zinsen (effektiver Jahreszins) sind mehr als doppelt so teuer wie bei anderen Banken (Schwerpunktzins);
— drückende Bestimmungen im Kleingedruckten (AGB-Klauseln);
— Ausnutzung der wirtschaftlichen Schwäche der Kreditnehmer.

Zum ersten Merkmal wäre folgende Lösung denkbar: Einen Kreditvermittler suchen, dessen effektiver Jahreszins inclusive Vermittlergebühren und Nebenkosten sichtlich um das Doppelte höher ist, als der Schwerpunktzins der Deutschen Bundesbank. Dann auch wirklich brav zurückzahlen, was man geliehen hat, aber ohne Zinsen. Nur den Betrag. Die sogenannte »Hauptsache«. Dann einen Anwalt nehmen. Besser schon vorher. Vor Gericht wird der Kreditvertrag als sittenwidrig anerkannt, wenn es dem Anwalt gelingt, auch die Punkte 2 und 3 glaubhaft zu machen. Der Vertrag wäre demnach nichtig.

Das gelingt immerhin in 75% der Fälle. D. h. es müssen nur die vier Prozent gesetzliche Zinsen zusätzlich zur Hauptsache gezahlt werden. Gerichtskosten zahlt der Wucherer.

Haie gibt es natürlich nicht wie Sand am Meer, oft sind es ausländische Kreditgeber, die der Vermittler vermittelt. Sich auch nicht schrecken lassen durch den ausländischen Gerichtsstand, bei Privatpersonen ist der **Gerichtsstand** der **Wohnsitz des Schuldners.** Da klagt denn auch die Cash AG.

Tatsächlich, Fräulein Mayer war umfassend gebildet, was ihr Gewerbe anging. Aber Hans brummte der Kopf, und er legte irgendwie versehentlich, aber ganz absichtlich seine Hand auf die der Bankangestellten Mayer und sagte, daß er das alles hochinteressant fände. Sie tranken noch eine Tasse Kaffee und hielten Händchen, denn Hans fand es nach diesem persönlichen Gespräch angebracht, auf das Sie zu verzichten. Damit hatte er andererseits eine gute Voraussetzung geschaffen, um

a) einen persönlichen Kleinkredit bei Marlene von 11,40 DM zu erhalten, um sie wie versprochen, zum Kaffee einladen zu können; der Kredit war zinslos, die Rückzahlung sollte bei Abschluß eines Kreditvertrages erfolgen, wobei das Kreditinstitut keine Rolle spielen brauche!
b) gelang es Hans weiter, die Nähe zu seiner Gläubigerin aufrecht zu erhalten durch die Festlegung eines erneuten Treffens.

Er wünschte sich verständlicherweise, ein solches Treffen würde in seiner Einzimmerofenheizungswohnung stattfinden (Diese Kachelöfen machen bullig warm — wenn man richtig einheizt!), aber noch lehnte Fräulein Mayer mit dem bekannten Argument: »Aber wir kennen uns doch noch gar nicht!« freundlich ab.
Es wird sich noch alles zum Guten wenden. Indessen macht sich Hans Hempel zu Bruder Bernie auf.

BERNIE HEMPEL PACKT AUS:

Bei sittenwidrig und Kredit fällt mir natürlich sofort ein, wie es die »Partner-Vermittlung Merkur« aus Hamburg gemacht hat:

1. Man preise an, was man nicht hat. Etwa in Kleinanzeigen schrecklich provinzieller Zeitungen:

> *Einem netten Durchschnittsbürger, der seiner gereg. Arb. nachgeht, treu sein kann, mö. sie alles geben! Silvia hofft auf Deinen Brief, viell. bis bald, Deine Silvia. Anruf genügt: (040) 34 43 00 MERKUR PV*

Zweifellos ein Ware, auf die Verunsicherte, Gebeutelte, die Einsamen und Häßlichen immer schon gewartet haben.

2. Man suche das arme Schwein auf, das sich gemeldet hat und sei nett zu ihm: Fragebogen ausfüllen, nach Wesen und Charakter fragen und vor allem sich dies und das unterschreiben lassen, besonders ein Wechselformular über 5 537 DM. (Die Vermittlergebühr: »Sie können den Gesamtpreis in bequemen Monatsraten von 100 DM abbezahlen. Pro Tag ist das nicht mal eine Packung Zigaretten.«)

3. Man komme am nächsten Tag wieder und verhelfe dem Mann handgreiflich zur Einsicht über das Wesen eines Wechsels, der seit gestern fällig ist und begleite ihn persönlich zur Bank (Service ist alles), wo er mittels seines Lohnstreifens auch einen Kleinkredit über die obige Summe erhält und gleich weiterreicht. Ehevermittler tun gut daran, der Bank dann das Fordern zu überlassen, denn sie selbst können ihre Gebühren nicht einklagen. So steht es im § 656 BGB (Bürgerliches Gesetzbuch).

4. Dann braucht man nur noch Ausreden, warum Silvia leider nicht in Frage und daher auch nicht zum Kennenlernen kommt, und andere Frauen auch nicht. Da sollte man allerdings nicht zu dick auftragen. Das Regensburger Eheinstitut Huber bot (allerdings für den halben Preis) einem braven Zehn-Hektar-Bauern neun Adressen. Acht »Heiratswillige« meldeten sich nicht. Logo. Und die eine, die kam, war durch Wolfsrachen und Sprachfehler behindert. Ansonsten reicht ja, wenn immer dieselben nicht antworten.

5. Man suche sich geeignete Mitarbeiter, die nach diesen Prinzipien Geld absammeln und man lasse sie ausreichend (Pro Fall etwa 1100, für das Inkasso noch mal 500) mitverdienen. Das bringt z. B. einen Umsatz von 3 Millionen im Jahr und erst dann eine Klage, wegen unlauteren Wettbewerbs, wenn einer der Geschlagenen schreit.

Das ist alles nicht nach meinem Geschmack. Aus der Dummheit der Leute oder ihrer Gier ist allemal besser Geld schlagen als aus ihrer Verzweiflung. Aber immerhin, man kann ein Prinzip erkennen: Bring jemanden auf die Kreditidee für etwas, das er durch Kaufen im Grunde nicht bekommen kann. Das wird ihm das Geld schon wert sein: Schönheit, Glück, Stärke, Schläue und den Segen des Himmels.

Da gibt es reichhaltige Variationen, gerade in der Vertreterbranche: Autokonzerne, Buchclubanimateure, Staubsaugerverkäufer, Sekten und Sekthändler. Auch hier gilt die alte Händlerregel: Je größer der Unterschied zwischen Einstandspreis des gepriesenen Gutes und Verkaufspreis, desto höher der Gewinn.

CHECKLISTE:

— Kredit für Sozialhilfeempfänger beantragt?
— Formulare für ERP-Darlehen besorgt, gelesen, verstanden, nachgehakt, gebohrt, nicht aus Faulheit in den Papierkorb geworfen? (Sofort wieder rausholen!)
— Lebensversicherung beliehen?
— Als Vorstandsmitglied bei der Deutschen Bank beworben?

Wenn jetzt immer noch nichts geht, gibt es nur einen Ausweg: der führt tatsächlich nur durch die Tür der Bank.

Die Kosten – Wo gibt es das billige Geld?

Im **Februar,** der immer noch grau und völlig verschneit ist, wie man das in Großstädten so kennt, brütet Hans über bunten Prospekten. Er frißt sich durch die Broschüren von über dreihundert Anbietern von Personal Computern. Er rechnet in Kilobytes und Speicherkapazitäten, denkt über Festplatten nach und Matrixdrucker, und jedesmal, wenn er sich mit Marlene trifft, denkt er an Geld.

»Und wie weiß ich, was ein wirklich billiger Kredit ist?«

Der effektive Jahreszins

Um die Verwirrung in Grenzen zu halten und Kredite untereinander vergleichbar zu machen, hat die Preisangabenverordnung festgelegt, daß der schon erwähnte »effektive Jahreszins« anzugeben ist, das ist

> **»der Preis in von Hundert des Kredits für das Jahr unter Zugrundelegung der gesamten Laufzeit des Kredits, des ausgezahlten Betrages, der Tilgungsleistungen, des Zinssatzes, der Vermittlungskosten und der sonstigen Kosten.«** (§ 1 Abs. 4 Verordnung über Preisangaben vom 10. 5. 1973)

Vorsicht: Das sind nicht immer die Gesamtkosten, denn z. B. müssen eine Restschuldversicherung oder Maklerkosten wohl genannt, aber nicht in den Effektivzinssatz eingerechnet werden. Das ist wichtig für Kreditkostenvergleiche.

Eine Faustregel hilft zur Vorausberechnung:

$$\frac{\text{Kreditkosten x 24}}{\text{Kreditbetrag x (Laufzeit + 1)}}$$

Ab 1981 verlangt die Preisangabenverordnung ein komplizierteres Rechenverfahren. Damit wird der Zinssatz ermittelt, mit dem die jeweilige Restschuld zu belasten ist. Um das selbst auszurechnen, bräuchte Hans aber erst den Computer.

Fingerfertig auf dem Taschenrechner spielend hat Marlene (nach der obigen Formel) indessen ausgerechnet, was denn heutzutage so ein Kredit am Schalter einer Großbank kosten darf (60 Monate Laufzeit):

Kreditbetrag	15 000 DM
Zinsen (0,43p.M. = 64,50 DM)	3 870 DM
Bearbeitungsgebühr (2%)	300 DM
	19 000 DM

Nach unserer Formel wäre das ein effektiver Jahreszins von 10,63%.

Die Deutsche Bundesbank fragt nun alle Banken nach ihren effektiven Zinssätzen auf den Monat gerechnet und gibt den Mittelwert als »Schwerpunktzins der Deutschen Bundesbank« bekannt. »Der betrug«, Marlene blättert in einem Tabellenstapel, »im Dezember 1984 0,65%. Die häufigsten Prozentsätze lagen in diesem Monat zwischen 0,52% und 0,85%. Der billigste Kredit war zu einem Zinssatz von 0,43% zu haben. Die Bearbeitungsgebühren lagen zwischen 2% und 4% der Kreditsumme.

Wenn man also einmal Banken vergleicht, wie das der STERN alle Jahre einmal tut (Wo ist das Geld am billigsten?) und auch verschiedene Verbraucherzahlen, kann man feststellen, daß (1983) die Fürstlich Castell'sche Bank, Würzburg, für 10 000 geliehene Mark nur 1748 DM Zinsen und Gebühren verlangt hat (0,43% pro Monat/

11,40% pro Jahr), während die Braunschweigische Teilzahlungsbank 3 364 DM haben wollte (0,85% pro Monat/22,10% pro Jahr). Wohl dem, der damals in Würzburg wohnte und Geld brauchte.

Kredite werden oft zu teuer bezahlt

Düsseldorf. (dpa) Wer es sich am wenigsten leisten kann, fragt meist beim Geldleihen kaum nach den Kosten. Eine „unkritische Geldaufnahme" vor allem bei Kleinverdienern sei weit verbreitet, berichtete die Arbeitsgemeinschaft der Verbraucher (AgV) gestern in Düsseldorf nach einer Untersuchung in elf Bundesländern, die von der EG-Kommission finanziell unterstützt wurde. Mehr Aufklärung und Preisklarheit seien deshalb notwendig. Schließlich gebe es bei den Zinsbelastungen Unterschiede bis zu 100 Prozent.

Die Untersuchung hat ergeben, daß Ratenkredite von 2000 Mark mit 18 Monaten Laufzeit zwischen 10,18 und 19,3 Prozent kosten. Bei einem 8000-Mark-Kredit für drei Jahre wurden effektive Jahreszinsen zwischen 9,5 und 17,4 Prozent verlangt. Für einen Ratenkredit von 15 000 Mark über fünf Jahre verlangten die Banken zwischen 8,81 und 17,6 Prozent.

Nach einer Aufstellung der Verbraucher-Zentrale Nordrhein-Westfalen sind unter 100 befragten Kreditinstituten im Lande die Raiffeisenbank Köln-Ost und die Sparkasse Bonn bei einem 8000-Mark-Kredit über 36 Monate mit einem effektiven Jahreszins von 9,51 Prozent am günstigsten. Am meisten muß der Kunde bei Filialen der WKV-Bank in Bielefeld, Dortmund, Essen, Köln und Siegen bezahlen.

Bonner Rundschau, 29. 1. 1986, S. 29.

BERNIE RÄT:

Also ganz klar, **das billigste Geld gibt es bei Großbanken und bei Sparkassen,** auch bei einigen Genossenschaftsbanken. Die Raiffeisenbanken zum Beispiel können ihre Zinssätze festlegen, wie es ihnen paßt, da jede Genossenschaft selbständig ist. Es kann also bei den **Zinsen** ganz **saftige Unterschiede** geben.

Hans Hempel hat inzwischen nicht nur entschieden, welchen Computer er kaufen will, sondern auch einen Software-Kunden ermitteln können, die Compu-Compost AG, ein automatisierter Bio-Rohgemüsevertrieb, für den er ein Programm zur automatischen Verfolgung säumiger Öko-Bauern entwickeln soll. Er denkt, daß er mit diesem ersten Auftrag ohne Mühe die ersten Raten zahlen könnte, deren genaue Höhe er nun aber doch gerne wissen würde.

Schlaue Frage, denn in seiner Altersklasse der 25- bis 29jährigen wissen nur 36 Prozent die Kostenmaßstäbe richtig einzuschätzen. Also trifft er sich wieder mit Marlene. Vorher hat er sich bei Bernie 20 DM geliehen, zinslos, um seine Schulden (11,40 DM, wir erinnern uns) begleichen zu können, denn ihm liegt an Marlene, und er träumt davon, daß sie irgendwann an ihm liegt. Aber dann zahlt er doch nicht zurück, sondern lädt sie stillschweigend zu schlichtem Campari ein, während Marlene erläutert:

Die Kreditkostenberechnung

Bei den Kosten gibt es drei Posten:
— Den Kredit
— Die Zinsen
— Die Nebenkosten

Die Höhe des Kredits spielt eine entscheidende Rolle. Einige Banken geben nur sehr ungern Kredite mit kurzen Laufzeiten (12 Monate) in niedriger Höhe (bis 5 000 DM), denn aufgrund ihres Verwaltungsaufwandes müßten sie einen Zinssatz von 27% fordern, wo sie tatsächlich nur 13% nehmen. Dabei beträgt der durchschnittliche Zinssatz 11% und den bekommt man auch, wenn man den fertig berechneten Krediten folgt, die der Bankangestellte einem anbietet: 36 Monate Laufzeit und je mehr, desto besser.

BERNIE RÄT:

Tatsächlich:
Man bekommt eher 50 000 DM geliehen als 5 000 DM.

Kredite werden normalerweise in Prozent pro Jahr verzinst, z. B. die Dispo-Kredite auf Lohn- und Gehaltskonten oder große Kredite mit mehrjährigen Laufzeiten, die nicht Raten- oder Konsumentenkredite sind. Zu verzinsen ist dann jeweils der wirklich geschuldete Betrag am Ende eines jeden Berechnungszeitraumes (nach 12 Monaten, einem Vierteljahr oder, wie bei Dispokrediten, monatlich).

Die Zinsen bei Ratenkrediten werden auf den ursprünglichen Kreditbetrag berechnet und auf die gesamte Laufzeit verteilt. Obwohl Monat für Monat die Schuld geringer wird, bleibt der Zins in absoluten Markbeträgen immer gleich, d. h. die wirklichen Zinsen liegen wesentlich höher.

Die Bank traut nur dem Mann

„Weißt Du, es ist viel leichter, einen Kredit über 50.000 DM zu kriegen, als einen über 5.000", erzählt Gabi aus dem gerade neu gegründeten Klamottenladen in Berlin. Sie ist eine von fünf Frauen, die bisher ihren selbstgemachten Schmuck, Pullover, Hosen, Röcke und Kinderkleidung auf den Märkten verkauft haben. Als festen Standort wollten sie gemeinsam einen Laden gründen. Dazu hätten sie ganz kurzfristig — für Abstandszahlung und Renovierung — einen Kredit von 10.000 Mark gebraucht. Bei „Stattwerke", dem alternativen Beratungsbüro für Projektgründungen in Berlin-Kreuzberg war so kurzfrsitig kein Geld zu bekommen. Die frischgebackenen Alternativunternehmerinnen mußten folglich ein Kreditinstitut in Anspruch nehmen. Banken wollen Bürgen und „kreditwürdige" Schuldner. All dies konnten die Frauen nicht erfüllen. Sie hatten keine Ersparnisse oder Besitztümer. Sie kannten keine Leute, die regelmäßig Geld verdienten und für sie bürgen konnten. Einige von ihnen hatten bisher von Sozialhilfe gelebt und waren deshalb nicht kreditwürdig.
So oder ähnlich geht es vielen Unternehmungen, die auf der Suche nach kurzfristigen kleinen Krediten sind. Und das sind nicht nur Frauen-Projekte. Dennoch haben Frauen wie üblich mit besonderen Schwierigkeiten zu kämpfen. Die Ideen, die sie haben und für die sie investieren wollen, sind oftmals Läden für alte und neue Kleider, Wolle oder Schmuck. Branchen also, in denen in vielen Stadtteilen oder Städten bereits ein Überangebot besteht. Einer Bank dann klar zu machen, warum nun gerade dieser Laden doch eine Chance am Markt hat und gut laufen wird, kostet viel Überzeugungskraft, Fachkompetenz, und Ausdauer. Frauen schrecken oft schon vor dem immensen Aufwand, den es bedeutet, einen Kredit zu beantragen, zurück.
So wählen viele den privaten Pump oder schicken, wie die Frauen aus dem Berliner Klamottenladen, den Freund zur Bank, der das Geld dann auch bekommen hat.

BERNIE RÄT:

Die genaue Effektivzinsberechnung ist so verformelt, daß sie besser der Computer ausrechnet, als irgendein Kopf. Aber die Banken müssen diese **wirklichen Zinsen immer deutlich angeben.** Nur Effektivzinsen kann man nämlich miteinander vergleichen. **Deshalb: ausdrücklich danach fragen.**

Manche Banken arbeiten mit unterschiedlichen Zinssätzen je nach Laufzeit und Kredithöhe. Da der Zinsunterschied zwischen Überziehungskrediten (10%) und Ratenkrediten (9%) heute nicht sehr groß ist, muß man sich (und vor allem dem Kreditinstitut) **zwei Fragen stellen:**

Werden die Zinsen auf die Gesamtschuld berechnet oder monatlich auf die Restschuld?

Das tun nämlich inzwischen einige Banken, was den Kredit billiger macht.

Ist der Dispo-Kredit vielleicht preiswerter, weil die Gebühren wegfallen und der höhere Zinssatz dadurch mehr als wettgemacht wird?

Im Augenblick ist das bei den Krediten mit Laufzeit von ein bis zwei Jahren meistens der Fall. Aber nachrechnen! Und vergleichen!

Zusätzlich zu den Zinsen sind als Nebenkosten zu denken:
— Bearbeitungsgebühr 2% bis 4%
— Vermittlergebühren (beim Kreditvermittler bis zu 5%)
— Auslagenersatz (Auskunftsgebühren, Fotokopien, Porto etc.)
— Restschuldversicherung

Auch wenn diese Beträge nur zum Teil (bei der Restschuldversicherung z. B. die Hälfte der Prämie) in den Schwerpunktzins eingerechnet werden, erhöhen sie doch die Zinsbelastung oft erheblich und können zur Sittenwidrigkeit des Kredits führen, wenn nämlich die Gesamtbelastung zu hoch ist.

Wer Geld leihen will, kann, wie schon erwähnt, bei den **Verbraucherverbänden** nach **Kreditvergleichen** fragen. Wer große Investitionen tätigen will, kann sich dort auch einen Anwalt empfehlen lassen und dem die ganze Rechenarbeit übertragen. Die Kosten für so eine Beratung hängen von der Höhe des Kredits ab und betragen bei 10 000 DM z. B. 463,75 DM. (§ 118 Bundesrechtsanwaltsgebührenordnung)

»Und was ist diese **Restschuldversicherung?**«
Etwa die Hälfte der Banken vergibt Ratenkredite nur in Verbindung mit dieser Versicherung, die den Banken die Sicherheit gibt, in jedem Fall ans Geld zu kommen, denn: Bei Krankheit und Tod zahlt die Versicherung die Restschuld. Für die ins Auge gefaßten 15 000 DM würde das etwa 600 DM kosten. Während Großbanken dem Kunden die Entscheidung überlassen, ist es bei Kreditvermittlern üblich geworden, ohne Restschuldversicherung gar kein Geld mehr zu verleihen: Denn an der Vermittlung der Versicherung wird natürlich auch verdient.

BERNIE RÄT:

Die Restschuldversicherung tut nicht not, denn sie hält nur die Bank sorgenfrei.

Bei Tod muß die Bank erst einmal herausfinden, wer die Erben sind und ob da etwas zu holen ist. Bei Vater Alois ist erst einmal nichts zu holen, weil da andere Gläubiger eher am Zug sind.
Bei Krankheit zahlt die Versicherung auch, und man muß die Raten, die während der Krankheit angefallen sind, nicht nachzahlen. Andererseits – wenn man krank ist und weniger verdient oder gar nichts, kann die Bank auch nichts holen. Man kann sie auch um Stundung oder niedrigere Raten bitten. Letzteres wäre eine Umschuldung, die bei einigen Banken neue Gebühren anfallen läßt.

Was für Vater Alois ein denkbarer Weg ist, seinen Sicherheitsgefühlen entgegenzukommen, muß für Hans nicht notwendig sein. Welcher Unternehmer versichert sich dagegen, daß er einen Kredit nicht zurückzahlen könnte? Wo bleibt denn da die Aufregung, das Risiko?

Allerdings ist jeder Unternehmer daran interessiert, das sogenannte Ausfallrisiko nicht selbst zu tragen.
Unternehmen mit großen und unsicheren Exportaufträgen zum Beispiel ersuchen die Bundesregierung, eine sogenannte Hermes-Bürgschaft zu übernehmen, für den Fall, daß das Empfängerland nicht zahlen kann.

Hans Hempel läuft jetzt herum und fragt überall nach der effektiven Höhe des Jahreszinses. An Aushängetafeln der Banken und Kreditinstitute findet sich oft die gesamte Information:

Zins / Bearb.Gebühren / Kosten insgesamt / effektiver Jahreszins

Die Sache artet in Arbeit aus.

BERNIE HEMPEL PACKT AUS:

Naja, wer gar keinen Kredit bekommt, kann ja selber Kreditvermittler werden, das ist doch ein schöner und ehrenwerter Beruf. Das dachte sich auch ein Kaufmann aus Hamburg und gründete die Hansa-Kredit-Beschaffung Dirk Schmoock, so richtig Vertrauen ein-

flößend mit eigenem Namen. Der brave Kreditmann bot dann unter dem Namen der »Continentale Europäische Kredit- und Leasing AG« (CEK) mit Sitz in Costa Rica und einer Zweigstelle in Genf Kredite bis 60 000 Mark:

> *»Das Geld, von dem Sie bisher nur geträumt haben, erhalten Sie ohne Rückfragen bei Ihrem Arbeitgeber, ohne Bürgen, auch bei bereits eingeleiteten und durchgeführten Zwangsmaßnahmen. Bei uns erfolgt keine Kreditablehnung.«*

Als Herr Fricke aus Hannover um 25 000 DM schrieb, wurde er persönlich betreut von einem Vertreter der Hansa-Kredit-Beschaffung, die alles recht machen wollte, vorbehaltlich des Abschlusses einer Lebensversicherung mit der Securitas-Gilde in Düsseldorf. Ein bißchen Sicherheit muß es ja geben für den Kreditgeber, oder? 108 Mark im Monat.

Und das war es auch schon. Verunsicherte, geldbedürftige Menschen, denen die Banken aus allerlei Gründen verschlossen schienen, hatten nun eine Lebensversicherung. Dirk Schmoock hatte 3,5% der jeweiligen Versicherungssumme (machte allein im zweiten Halbjahr 1982 eine Provision in Millionenhöhe). Hört sich doch ganz reell an. Schließlich kriegen die Käufer von Marlboro auch nicht ne Rinderherde, sondern ne Raucherlunge.

Naja, gegen Kaufmann Schmoock wurde dann doch wegen Betrug ermittelt, obwohl ja eigentlich keiner recht geschädigt war, nur noch zusätzlich versichert. In unserer unsicheren Zeit. Andererseits war nicht rauszukriegen, ob je ein Kredit rüberkam. Und die Securitas wollte natürlich auch nicht mehr so recht, als immer mehr Policen krachten.

Nichtsdestotrotz, die Millionenprovision war verdient und verschleudert. So nahm es nicht wunder, bald wieder postwurfartig von einer VKB Gesellschaft für Kreditvermittlung zu hören, Sitz in Panama, Filialen in Zürich und in Stuttgart. Lebensversicherungen und Kredite die Spezialität. Besitzer Schmoock.

CHECKLISTE:

— Schon ausgerechnet, wieviel Geld ich brauche – plus 25% für alle Extras und Eventualitäten?
— In Stern, Warentest oder bei der örtlichen Verbraucherzentrale nach den billigsten Krediten geforscht?
— Oder wenigstens selbst von Bank zu Bank gerannt?
— Einen Kreditvermittler ausfindig gemacht, der ganz sicher überhöhte Zinsen nimmt?

Die Bedingungen

Die Bürgschaft

Anfang **März** war die Frage noch nicht geklärt, wie Hans ohne festen Arbeitgeber und ohne Sicherheiten an Geld kommen sollte, und zwar möglichst rasch. Die Bio-Rohgemüse-Verwertungsgesellschaft Compu-Compost AG drängt auf Klärung ihrer Buchhaltung mit Hilfe von Hans Hempels gesammelten Kenntnissen, damit die weißen Schafe zahlungswilliger Öko-Bauern übersichtlich gezählt werden könnten. Zwischen den grün schimmernden Zeichen auf dem Bildschirm würden die schwarzen Schafe dann schon auffallen.

Indessen bewegt Immobilienmakler Bernie, mal reich, mal arm, auf einem Konto bei »seiner« Bank Millionenbeträge, die (noch) nicht ihm, sondern Gott sei Dank anlagegierigen Mitmenschen gehören. Er betätigt sich nämlich als »gewerblicher Zwischenvermieter«, zieht für ein paar Dutzend Bauherren die Miete ein, bezahlt die nötigen Reparaturen etc. Von den 120 000 DM, die sich monatlich über seine Konten bewegen, gehören ihm selbst gerade die 5 000 Emmchen, die er als Verwaltergebühr von seinen Kunden bekommt. Den Rest muß er ja an seine Auftraggeber weiterreichen. Dann kommen noch nette Sümmchen gegen Ende des Jahres auf die Konten, wenn am 10. 12. wieder der letzte Steuervorauszahlungstermin ins Haus steht und die Menschen ihr Geld in Schiffsbeteiligungen, Feriencamps und Eisrevuen stopfen – Dinge, die Bernie vermittelt – damit es sich nicht in

Autobahnen, Starfighter, Sozialhilfe oder irgendeinen anderen staatlichen Quatsch verwandelt. Ja, so denken die Menschen, und Bernie gibt seine Konten dafür her: Hängen bleibt immer was.

Trotzdem oder gerade deshalb gilt Bruder Bernie »seiner« Bank als Mann von ausgezeichneter Bonität. Da macht sein liederlicher Lebenswandel gar nichts, geschweige denn, ob ihm irgend etwas von dem Geld wirklich gehört. Er jedenfalls kann Hans Hempel helfen, wenn sonst keine sogenannten Sicherheiten vorhanden sind, nach denen Marlene Mayer schon ganz zu Anfang gefragt hat.

BERNIE RÄT:

Ich bin der ideale Bürge. Selbständig. Mit großen Summen, die ich bewege. Manchmal stehe ich mit Hunderttausenden in der Kreide, wie man so sagt, bekomme kaum das Benzingeld für den Porsche zusammen, bleibe selbstverständlich die Leasingrate schuldig (nicht länger als zwei Monate, wenn ich den Porsche ohne Mahnbescheidkosten weiterfahren will). Und Millionen (DM) geben mir recht. Die Bank sowieso. Denn an meinen Geschäften verdient sie immer noch. Habe ich Geld, gebe ich es aus oder lege es pfändungssicher an. (Ich werde Hans noch erklären, wie das geht.) Manchmal zahle ich auch fällige Verbindlichkeiten, denn ich bin ein verbindlicher Mensch, aber ich möchte selbst entscheiden, wann ich wem zahle.
Bei »meiner Bank« also könnte Hans, mit mir als Bürgen, ein neues Konto eröffnen und gleich »seine« 15 000 DM oder 20 000 DM Kredit erhalten.

Außer Bernhard Hempel gibt es natürlich noch andere idealtypische Bürgen: die Bankangestellte, die dann an einer Fachhochschule Betriebswirtschaft studiert und von BAFöG lebt. Ein mittlerer Unternehmer, der dabei ist, seine Firma zu verkaufen, um seinen Lebensnachmittag in der Schweiz abzusitzen. Der Postangestellte, der vorzeitig in Rente geht.

Freilich muß in jedem Fall eine Feinanpassung vorgenommen werden, wenn auch der Bürge sich vor dem Bankzugriff schützen will. »Und den Bürgen mußt du würgen!« scheint nämlich ein beliebter Gläubigergrundsatz zu sein.

Oder der Bürge hat sowieso ausreichend Geld, das ist auch ein idealer Bürge.

BERNIE HEMPEL PACKT AUS:

Es ist ja ein weitverbreiteter Irrtum, ein Bürge sei dafür da, daß jemand anders Geld bekommt. Genau umgekehrt: Der mittellose Bürge besorgt sich Leute, die wegen ihm und für ihn Geld locker machen. Der Name macht's möglich. Zum Beispiel Michael Fuhrmann, der erst einmal einen Namen heiratete, an dem das Mädchen Doris hing. Doris Kunstmann, Schauspielerin, Faßbinders »Maria Braun«. Michael, der nun Kunstmann hieß, schaffte es in nur 14 Monaten, bei rund 100 freundlichen Menschen 3 Millionen DM abzusammeln, die sie selbst gar nicht hatten: Physikstudent, Schlosser, Tänzerin und Fotomodell erhielten Kredite bis zu 30 000 DM bei der Bayerischen Vereinsbank in München und der Deutschen Bank in Ingolstadt.

Für diese nicht einmal stolze Summe waren zwei Filme geplant, die nie gedreht wurden, aber das Doppelte des Einsatzes einspielen sollten. Klingt doch gut – oder? Die wollten ja wirklich Filme machen (sonst wäre das Ganze ja schon hier Betrug gewesen). Das Geld floß auf die Konten der DMK (Doris und Michael Kunstmann Kunstfilm GmbH), aber statt in irgendeine Produktion gleich in die Konsumation: Die Kunst des Lebens als Gesamtkunstwerk der Kunstmanns. Abzüglich früherer Schulden.

Denn da waren bei der Bajuwarischen Vereinsmeierbank noch 400 000 Mark abzustottern für ein vorausgegangenes Pleiteobjekt, einer science-fiction-Produktion im wahrsten Sinne des Wortes. Ein Zukunftsfilm (Overlords), als Abschreibestreifen geplant, versandete in der Realität geänderter Gesetze. (1980 – da wurde das sogenannte »negative Kapitalkonto« abgeschafft) O. k. Falsch abgeschrieben. Passiert mal.

Aber jetzt das Wesentliche. Und das ist bei einer so abstrakten Sache wie Geld immer das Persönliche. Der Kundenberater der BV, Herr Jakob Bayer, der die erste Pleite betreut hatte, war von den neuen Filmprojekten begeistert. Besonders als oder weil oder nachdem er von den Kunstfilmern mitsamt Ehefrau zum Beispiel nach Israel eingeladen wurde (DM 4997,35). Dort traf er (Das Leben ist wie ein Film) den Filialleiter der Deutschen Bank Ingolstadt. Und alle begeisterten sich so sehr, daß der Marktwert der DMK allemal für 3 Millionen gut war. Klar, daß auch die Banker fahrlässig Mist gebaut hatten, als sie den Filmfritzen Kredit-Antragsformulare, Kontoeröffnungskarten und Scheckhefte mit den Kontonummern gleich mit nach Hause gaben, damit die Bürgen sich selbst ihre Kreditnehmer beschaffen konnten. Ist doch alles menschlich, oder wer wäre nicht gerne mal auf Doris Kunstmanns rauschendem Geburtstagsfest gewesen? Die

Banker jedenfalls waren dabei. Sie mußten aber später ihre jeweiligen Hausbanken »im gegenseitigen Einvernehmen« verlassen. Deren Schaden also war gering.
Das lockere Geld war den Kunstmanns denn auch geschickt durch die Finger gelaufen, denn als der Gerichtsvollzieher mal eben eine Feinkost-Käfer-Rechnung von 34 000 DM kassieren wollte, war wirklich alles alle. Zumindest soweit der Gerichtsvollzieher sehen konnte. Immerhin, ein paar Jahre Fettlebe waren ja drin gewesen – bis zum Offenbarungseid. Dann beschied das Gericht noch, daß der Schmu drei Jahre wert sei. Minus 1/3 wegen guter Führung, minus 1 Jahr Untersuchungshaft, bleibt noch ein Jährchen. Wo es nach 9 Monaten schon den ersten Urlaub gibt. Immerhin eine Million pro Jahr verdient. Nun müssen sich die Kreditnehmer warm anziehen, denn da klopft jetzt die kaltherzige Bank an. Naja, die können ja meinen Ratschlägen lauschen.

Neben dem idealtypischen Bürgen gibt es natürlich noch den typischen: die Ehefrau. Das hat zwei Gründe. Einerseits sind es in der Mehrzahl Männer, die einen Kredit beantragen, und zweitens gibt es kaum einen (Konsumenten)Kredit, bei dem nicht der Ehepartner eine selbstschuldnerische Bürgschaft übernehmen muß.

Damit möchte die Bank verhindern, daß der Schuldner »alles seiner Frau überschreibt«, weiter in Saus und Braus lebt, aber den Gläubiger in die Röhre gucken läßt, weil der arme Mann mit seiner Frau in Gütertrennung lebt. Wie man es trotz mitunterschreibendem Ehepartner zu einer solchen Idylle bringt, dazu weiß Bernie Rat auf den Seiten 94–127.

Das Formular

Nachdem alles geklärt ist, kann also der Formularkram beginnen: Auf der Vorderseite dieser Formulare steht bei allen Kreditinstituten mehr oder weniger das gleiche. Die Bank gibt den Kreditbetrag, die Zinsen und Bearbeitungsgebühr pro Monat und in DM an, den Gesamtbetrag und den effektiven Jahreszins. Weiter steht da die Höhe der monatlichen Rate, die üblicherweise am 1. bzw. 15. eines Monats fällig wird.

Die Bank ihrerseits will nun neben Name und Adresse des Kreditnehmers (bei Umzug innerhalb der letzten zwei Jahre auch die frühere Adresse), auch Telefon und Geburtsdatum wissen, den Arbeitgeber und den Familienstand.

Insbesondere fragt die Bank natürlich nach dem verfügbaren Rückzahlungsbetrag. Manche Banken lassen sich das auf dem Formular vorrechnen:

Monatliches Nettoeinkommen
Sonstiges regelmäßiges Einkommen
Gesamteinkommen

Miete einschließl. Heizkosten, Garage, Strom u. ä.
Lebenshaltungskosten
Belastung aus Darlehen, Ratenkäufen,
Unterhaltsverpflichtungen usw.
Kfz-Kosten einschl. Steuer und Versicherung
Aufwendungen für Sparverträge und/oder Lebensversicherungen
Zwischensumme
davon 30% für Unvorhergesehenes
Zumutbare monatliche Rückzahlungsrate

BERNIE RÄT:

Man darf zwar alles so hinschreiben, wie es einem einfällt, es muß aber alles im wesentlichen stimmen. Wer sich dem Verdacht aussetzt, daß er schon beim Abschluß des Kreditvertrages nicht zurückzahlen wollte, was man an vorsätzlich falschen Angaben erkennen könnte, der begibt sich in die Nähe des »Eingehungsbetrugs« (§ 263 StGB). Fahrlässigkeit ist hier **nicht** strafbar.

So sollte auch die monatliche Rückzahlungsrate nicht höher sein, als Hans sie **tatsächlich** in absehbarer Zeit zurückzahlen kann. Natürlich kann unser Jungunternehmer trotz allen guten Mutes vielleicht schon in einem Jahr in Zahlungsschwierigkeiten kommen, weil seine Programme nicht recht laufen wollen, oder die Kosten ihm weglaufen. Das ist selbstverständlich nicht strafbar. Nur Vorsätzlichkeit ist strafbar. Und den Vorsatz muß jemand nachweisen. Wenn Hans sofort auf die Bahamas fährt (wozu 15 000 DM allerdings ein bißchen knapp sein dürften) oder sofort unbekannt ins Ruhrgebiet verzieht und schon die erste Rate nicht zahlt, dann würde die Bank sicher nicht zögern und zu Recht einen Strafantrag stellen.

Ihr Berater ______________________ ______________

Ausfertigung für die Ba

An
[redacted]

Antrag
für
[redacted]-Ratenkredit

wird von der Bank ausgefüllt

Geschäfts-stellen-Nr.	Konto-Nummer	Unter Konto

Kreditbetrag	Zinsen pro Monat	Bearbeitungsgebühr	Gesamtbetrag	Restschuldversicherung falls gewünscht ankreuzen ☐ kombiniert ☐ einfach	Prämie DM
DM	% DM	% DM	DM		

1. Rate	fällig am	Folgeraten	jeweils fällig am	Letzte Rate fällig am	Laufzeit	Effektiver Jahreszins
DM		je DM	1. ☐ 15 ☐ d. Mts.		Monate	% p. a.

☐ Zinsvergütung bzw. ☐ Zusatzzinsen gemäß Preisangabe-Verordnung DM für Tage

Hierdurch verändert sich die 1. Rate auf DM , der Gesamtbetrag auf DM und der Zinsbetrag auf DM

Antragsteller	Mitantragsteller
Antragsteller Name, Vorname	Mitantragsteller Name, Vorname
Straße, Haus-Nr.	Straße, Haus-Nr.
Postleitzahl, Ort	Postleitzahl, Ort
Geburtsdatum ggf. Geburtsname — Telefon tagsüber privat	Geburtsdatum ggf. Geburtsname — Telefon tagsüber privat
Familienstand: ledig ☐ verh. ☐ verw. ☐ gesch. ☐ getr. leb. ☐ — Zahl und Alter der unterhaltsberechtigten Personen	Familienstand: ledig ☐ verh. ☐ verw. ☐ gesch. ☐ getr. leb. ☐ — Zahl und Alter der unterhaltsberechtigten Personen
vorherige Anschrift(en) innerhalb der letzten 3 Jahre, 2. Wohnsitz	vorherige Anschrift(en) innerhalb der letzten 3 Jahre, 2. Wohnsitz
ausgeübter Beruf bei Arbeitgeber (genaue Anschrift) seit	ausgeübter Beruf bei Arbeitgeber (genaue Anschrift) seit

Zumutbare monatliche Rückzahlungsrate	Antragsteller	Mitantragsteller
Monatliches Nettoeinkommen	DM	DM
Sonstiges regelmäßiges Einkommen ______	+ DM	+ DM
Gesamteinkommen	DM	DM
Miete einschl. Heizkosten, Garage, Strom u. ä.	– DM	– DM
Lebenshaltungskosten	– DM	– DM
Belastung aus Darlehen, Ratenkäufen, Unterhaltsverpflichtungen usw.	– DM	– DM
Kfz.-Kosten einschl. Steuer und Versicherung	– DM	– DM
Aufwendungen für Sparverträge und/oder Lebensversicherungen	– DM	– DM
Zwischensumme	DM	DM
davon 30% für Unvorhergesehenes	– DM	– DM
Zumutbare monatliche Rückzahlungsrate z. Z.	DM	DM

☐ Dieses Kreditkonto soll für den Antragsteller eröffnet werden. ☐

Auszahlung des Kreditbetrages

☐ Übertrag auf bestehendes Privates Berliner Commerzbank-Konto ☐ Übertrag auf neueröffnetes Privates Berliner Commerzbank-Konto ☐ Barauszahlung ☐ gemäß besonderem Auftrag

Die Bank ist unwiderruflich ermächtigt, die fälligen Raten einzuziehen durch

☐ Lastschrift zu Lasten Konto-Nr.: ______________ ☐ des Antragstellers ☐ des Mitantragstellers

bei: ______________________________ BLZ: ______

Wenn mein Konto die erforderliche Deckung nicht aufweist, besteht seitens des kontoführenden Kreditinstituts keine Verpflichtung zur Einlösung

☐ Die Raten werden bar eingezahlt. ☐

Adresse der zuständigen SCHUFA-Gesellschaft (genaue Anschrift)
SCHUFA GmbH, Motzstr. 89, 1000 Berlin 30

1 255/01/2 402114 Fassung: Juni 1981

So sollte die Adresse identisch mit der im Personalausweis sein. Ob man gerade umgezogen ist, aber noch nicht umgemeldet, wird ohnehin erst nachgeprüft, wenn man nicht mehr zahlt bzw. die Post dich unbekannt verzogen findet und das der Bank bekannt wird.

Den Arbeitgeber kann man nur angeben, wenn man einen hat, und dann muß man ohnehin eine Arbeitsbescheinigung vorlegen, die auf dem neuesten Stand ist. Deshalb ist es besser, »selbständig« zu sein, sei es als Gewerbetreibender oder als Freiberufler.

Auf den Ratenkreditformularen werden dieselben Fragen zweimal gestellt: einmal an den Kreditnehmer und dann an den 2. Kreditnehmer, Bürgen oder Mitantragsteller.

Beim normalen Konsumentenkredit kommt die Bürgschaft, wie sie Bernie Hempel vorschlägt, in der Praxis kaum vor. Denn wie der Name schon sagt, wird der Kredit aufgenommen, um zusätzlich zum laufenden Einkommen am Konsumterror teilnehmen zu können. Also hat der Konsument in jedem Fall Arbeit und Einkommen. Hier wird die Hausfrau zum Bürgen gemacht, obwohl diese »Bürgschaft« nur dazu dient, wie wir schon wissen, das verheiratete Pärchen als Gesamtschuldner im Griff zu haben.

Die Bürgschaft erstreckt sich als sogenannte Höchstbetragsbürgschaft nicht nur auf den Höchstbetrag von 15 000 DM, sondern natürlich auch auf sämtliche Zinsen, die anfallen. So jedenfalls hat sich der Bundesgerichtshof das immer schon gedacht (zuletzt in den »Wertpapiermitteilungen« 1984, 198). Das ist dann reichlich mehr als 15 000 DM.

Marlene und Hans konnten sich inzwischen näherkommen, ohne Banktechnisches und Kreditmäßiges zu erörtern. Ihre Gesprächsthemen drehten sich solange um die Beziehungskiste, bis sie in derselben gelandet waren, die in Marlenes zentralgeheizter Altbauwohnung steht.

Nur, wenn ihnen zu Geld nichts mehr einfällt, dann diskutieren sie über die AGB, die Allgemeinen Geschäftsbedingungen der Banken, das Kleingedruckte. Von diesen Bedingungen und insbesondere von den Kreditbedingungen, die auf den Rückseiten der Kreditformulare stehen, versprach sich Hans irgendeine Hilfe, denn gerade das

»Kleingedruckte« soll ja, wie man hört, von den Verbraucherschutzverbänden ständig überwacht werden. Aber

BERNIE RÄT:
Es ist ganz gut, die AGB zu lesen und sich an ihrem Text zu freuen. Worüber sich so eine Bank nicht alles Gedanken macht, um ihr Geld zu behalten, das sie so bereitwillig verleiht! Aber natürlich hat ein Kunde keinen Einfluß darauf, diese oder jene Klausel zu verändern, wenn er sich nicht um die Kreditchance bringen will. Außerdem unterscheiden sich die AGB's der privaten Banken kaum voneinander. Die besonderen Kreditbedingungen können allerdings sehr unterschiedlich sein.

Es ist nicht problematisch, alles zu unterschreiben. Wenn sittenwidrige und unsinnige Klauseln vorkommen, gibt es immer zwei Wege: sich mit Maßnahmen dagegen zu schützen oder mit Hilfe eines Anwalts die Unbilligkeit der Klausel nachzuweisen. Denn die Banken können solange alles zur Bedingung machen, was sie wollen, bis jemand kommt und klagt. Nur wo kein Kläger ist, ist bekanntlich kein Richter.

Tatsächlich fand Hans auf den Rückseiten der von den Banken übrigens nur zögernd herausgerückten Formulare die seltsamsten Bedingungen, z. B.:

»Der/Die Kreditnehmer und Bürgen bewilligen die Weitergabe dieser Daten auch dann, wenn diese nach dem Bundesdatenschutzgesetz geschützt sind.« Oder: »Die jeweilige Krankenversicherung bzw. das zuständige Arbeitsamt wird hiermit unter Befreiung von der Geheimhaltungspflicht nach § 35 SGB (Sozialgesetzbuch) ermächtigt, der Pipapo-Bank meinen/unseren Arbeitgeber mitzuteilen.«

Trotzdem fahren Hans und Bernie zu der bereitwilligen Bank, wo Bernie, der immer wohlgekleidet »sein Institut« besucht, von so ausgesuchter Höflichkeit empfangen wird, wie sie Hans mit seinem lächerlichen Girokonto nie erfahren hat. Das vielbesungene Band der Sympathie wird erst bei höheren Summen so richtig sichtbar. Ob man sie als Guthaben hat oder im Minus. Solange man miteinander ausreichend großformatige Geschäfte betreibt, über deren endgültiges Ausgehen man ja nichts wissen muß, liebt einen die Bank. Sagt

Bernie. Während er (300 000 DM Miese auf dem Konto) fröhlich unterschreibt.

Denn wie der Name schon sagt, ist das Ausfüllen von Formularen eine reine Formsache. Hans muß ein neues Konto eröffnen und kann sich dann die 15 000 DM am Schalter abholen.

»Und soll ich mein Konto bei der anderen Bank, die mir immer so treu meine Minussalden verwaltet hat, kündigen? Was soll ich mit zwei Konten?«

BERNIE HEMPEL PACKT AUS:

Sigismund Sperber zum Beispiel hätte ja gar nicht gewußt, wie er mit nur einem Konto überleben sollte. Als weltgewandter Österreicher konnte er in Frankreich, Italien, England und Holland Banken um 20 Millionen DM erleichtern.

In Holland ging das so:

1. Von mittellanger Hand vorbereiten: Freundin Inge-borg (ein wegweisender Name!) hatte ein Konto bei der Amsterdam-Rotterdam-Bank (AMRO) in Bergen-op-Zoom eröffnet: Bei einer kleinen Filiale wächst das Vertrauen zwischen Kunde und Direktor viel schneller. (Man darf so etwa ein Jahr rechnen.) Inzwischen kaufte Herr Sperber Maßanzüge in Mailand, Parfüm in Paris und kämmte sich die vornehmen grauen Haare.

2. Als soignierter Herr und mit dem schönen, geraunten Satz, er sei Diamantenhändler aus Berlin, eröffnete er, persönlich vorgestellt von Ingeborg, ein Konto. Dies mittels eines (bedauerlicherweise gefälschten) Passes. (Urkundenfälschung: etwa 2 Jahre.)

3. Nach und nach werden in den Filialen der AMRO-Bank in Holland und England Konten eröffnet. Der Diamantenhändler ist umtriebig. Nur mit Diamanten hat er nichts zu tun.

4. 12 passende Decknamen sind zu suchen. Nicht Rudi Ratlos oder Donald Duck, sondern eher etwas Internationales: José Vazquez de Andrade (Spanien) oder Willem Schoemaker (Südafrika). Dann werden mehr oder weniger bescheidene Summen (Grundkapital ist allerdings notwendig – vielleicht 2 bis 3 Hundert Tausend Mark) auf den Konten verschoben. Ein gutes Jahr lang.

5. Natürlich zahlten die Banken nur aus, wenn auch Geld auf den

Konten war. Die bisherige Aktion ist mehr als vertrauensbildende Maßnahme zu betrachten, denn selbstverständlich hat Sperber keinen computergedruckten Gehaltsnachweis oder eine interessante Steuererklärung auf den Tresen zu legen, auch Wertpapiere oder Immobilien fehlen noch, um einen Dispokredit in entsprechender Höhe abzusichern. Und auf den kommt es an.

6. Daher bittet Sperber jetzt um einen Überziehungskredit mit jeweiligem Zahlungsziel von 3 Wochen. Den sichert er mit einem Guthaben von 150 000 Gulden ab, die er in Wertpapieren anlegt. Wenn gewünscht, so zahle er für die ja immer nur kurzfristig in Anspruch genommenen Leihgelder auch ein paar Prozent mehr Zinsen als üblich. Das gefiel der Bank.

7. Nun mußte Sperber heftige geschäftliche Aktivität vortäuschen: Überweisungen und Abhebungen geschahen, wie man das von einem gutgehenden Diamantenhandel erwarten darf: Bis zu 35 Scheckhefte die Woche füllten Sigismund Sperber und zwei Freundinnen mit verschiedenen Schriften und Unterschriften. Sie überwiesen von Filiale zu Filiale: immer dasselbe Geld. Bis zu dem Tag, an dem auf allen Sperber-Konten der AMRO-Bank zwischen Bergen-op-Zoom und London gleichzeitig alle Dispos ausgeschöpft waren. Es fehlten 2 Millionen DM. Und der Diamantenhändler.

8. Das sieht doch nach Betrug aus! Aber halt: Wie viele Unternehmen sind mal zahlungsunfähig? Das kommt doch vor. Da ist man doch kein schlechter Mensch! Aber um den aufkeimenden Verdacht zu entkräften, braucht es jetzt einen Gesetzesmann. Da nehmen wir einen CDU-Politiker aus Berlin, der Anwalt ist. Er bietet der Bank an, die Millionen in 10 000-DM-Stückchen monatlich zurückzuzahlen. Das passiert viermal. Als die Zahlungen aufhören, wartet die Bank trotzdem noch im Glauben an den ehrbaren Händler. Das hat seinen sozialpsychologischen Grund: Der Bankdirektor war durch das ausgeliehene Geld zu einem Freund des Kunden geworden: Da gab es mal eine schöne Reise, mal einen gleißenden Diamanten, mal eine nette Nutte umsonst. Bankdirektoren sind ja auch Menschen, und nachher ist es ihnen peinlich.

9. Nun kommt der Witz der Sache. Was sind schon 2 Millionen? Nichts! Deshalb muß man das Scheckkarussell auch bei anderen Banken drehen. So arbeitete Sperber z. B. mit der Bank of Credit & Commerce International zusammen und legte sich in England denn auch den passenden Wohnsitz und 102 maßgeschnittene Anzüge zu. Den Jaguar meldete er auf eine falsche Adresse an, der Grundbesitz war auf Ingeborgs Namen eingetragen, die das Häuschen gleich über eine Freundin mit einer 440 000-DM-Hypothek belastete und damit dem Zugriff anderer Gläubiger entzog.

10. Da war Sperber aber schon erwischt von Scotland Yard, die sich darum kümmern mußten, weil Sperber wohl den Direktor der National Union Bank in London nicht ausreichend hatte überzeugen können, als er mit 1,1 Millionen Mark in der Kreide stand. Er wurde in London zu fünf Jahren verknackt – weil er einmal für 700 000 DM Parfüm gekauft, aber nicht bezahlt hatte.

Das allerdings waren zu viele Konten!

BERNIE RÄT:

Zwei Konten sind das mindeste. Da ist nicht ehrenrührig oder windig, sondern notwendig, wenn man rührig ist und einem keiner an die Ehre soll.

Du wirst auf deinem alten Konto Zahlungen entgegennehmen und nach Maßgabe der Dinge auf deinem neuen Konto die Schulden begleichen (oder nicht). Du könntest, falls Du zu Geld kommst, was ich nicht bezweifle, wenn ich Dich weiter berate, und sei es nur geliehenes Geld, dieses bei einem dritten Institut zinsgünstig anlegen oder spekulativ nutzen. In Frage kommen hier vor allem Privatbanken, selbständige Raiffeisenbanken und Sparkassen, die nicht über ein gemeinsames Computernetz verfügen.

Besonders ratsam: seine Konten in verschiedenen Städten oder bei Großstädten in verschiedenen Einzugsbereichen/Vororten anzulegen: Wenn der Gläubiger irgendwann einmal pfänden will, dann tut er das nur bei der Sparkasse in 3070 Nienburg-Langendamm, weil er da die Kontonummer weiß, wo aber nicht viel zu holen ist. Während in 3014 Laatzen die dortige Raiffeisenbank ein fettes Guthaben mit Wohlgefallen verwaltet. Der Witz dabei ist (über den der Gläubiger natürlich nicht so recht lachen kann): Guthaben links, Schulden rechts und die Bank, die die Schulden verwaltet, immer bei Laune halten. (Mit dem Zweigstellenleiter essen gehen und auch schon mal ein paar Mark überweisen.)

Hans kann jetzt also abheben: Geld vom Konto und in die neuen Gefilde des Jungunternehmertums als selbständiger Programmierer für Compu-Compost AG.

Ansonsten ist seine erste Rate von 320 DM am 15. April fällig. Hans hat klugerweise auf Lastschrifteinzug verzichtet, denn

BERNIE RÄT:

So muß es sein. So soll es sein. Nicht nur, um sich die Fehlbuchungen des Bankcomputers vom Hals zu halten, sondern um sich vor automatischen Abbuchungen zu schützen zu Zeitpunkten, die einem nicht passen. Das macht natürlich mehr Arbeit.

Aber es ist unerläßlich, daß man sein verdientes Geld selber überwacht und nur dann weitergibt, wenn es einem nicht wehtut oder wirklich unerläßlich ist. Und das kann ja nun weder ein Bankcomputer noch ein Gläubiger entscheiden, sondern nur der wirklich Selbständige. Oder?

Die Schufa

Hans Hempel sitzt in seinem Zimmer und starrt in die Röhre. Er hat sich den Computer gekauft (12 000 DM mit allem Drum und Dran) und denkt und tippt und druckt aus. In vier Wochen soll das Programm fertig sein. Die Firma Compu-Compost AG soll ihm dann 5000 DM rüberschieben. Das ist etwa eine intensive Woche Arbeit. Aber wer will schon jeden Tag acht Stunden auf den Bildschirm starren, zwei reichen auch. Wegen irgend etwas ist man ja selbständig. Von dem Kredit hat er noch etwa 2 000 DM übrig, die bis dahin reichen werden. Es ist alles knapp, aber rechnet sich gut. Alles in allem.

Als Hans so an seinem Rechenautomaten sitzt und in die Zukunft schaut, fällt ihm ein, daß er in dieselbe nur schauen kann, weil er ein Studium der Informatik hinter sich hat, das er überhaupt erst noch bezahlen muß: Er hat auf Pump studiert, nach dem Bundesausbildungsförderungsgesetz (BAFöG). Das Geld dafür, immerhin 20 000 DM, hat der Steuerzahler aufgebracht (jeder kennt ihn).

Aber nicht alles kommt vom allseits beliebten Steuerzahler, sondern auch von Banken, wo nämlich der Staat seinerseits Schulden macht. Die sogenannte Staatsverschuldung. Der Staat finanziert seine Aufgaben: Arbeitslosenhilfe und Straßenbau, Panzer und Parlamentarier zu einem Anteil aus geliehenem Geld, der allein beim

Bundeshaushalt 1986 immerhin 23,7 Milliarden DM ausmacht. Aber ehe so ein Staat pleite geht! Denkt Hans.

Immerhin, er befindet sich in bester Gesellschaft. Die Dritte Welt ist verschuldet (mit über 950 Milliarden Dollar), weil sie sich entwickeln will, die USA sind auch verschuldet (mit über 250 Milliarden Dollar), weil sie jetzt auch im Weltall rüsten müssen, und er ist verschuldet, um der deutschen Wirtschaft die Schaffung eines weiteren Arbeitsplatzes abzunehmen.

»Hör mal, Marlene«, fragt Hans, weil es ihm nun in den Sinn kommt, »kann die Bank wissen, daß ich ab nächstes Jahr die 20 000-BAFöG-Mark zurückzahlen muß, also, daß ich da jede Menge andere Schulden hab'?« Das kann er fragen, weil Marlene in seiner Einzimmerofenheizungswohnung Kaffee kocht an jenem noch immer kühlen Samstagnachmittag im **März.** Marlene kennt sich aus.

»Die Bank hat gewöhnlich nur einen Weg, sich über deine Schulden zu informieren, sie fragt die ›Schutzgemeinschaft für allgemeine Kreditsicherung (SCHUFA)‹. 13 regionale SCHUFA-Gesellschaften gibt es in der BRD, alles GmbHs, die in der BUNDES-SCHUFA e. V. zusammengeschlossen sind. Die jeweils zuständige örtliche SCHUFA verarbeitet aber nur die Daten anderer Banken, Kreditinstitute, des Versand- oder Einzelhandels, d. h. der anderen örtlichen SCHUFA-Mitglieder. In 32 Städten der BRD sind so insgesamt 25 000 Firmen angeschlossen. Wenn du bei einer Bank in Berlin einen Kredit beantragt hast und die wissen will, ob du in Hamburg oder München Schulden hast, muß sie eine **überregionale Anfrage** in jeder einzelnen SCHUFA starten. Das geschieht **seltener, als** vielleicht **angenommen** wird. Diese überregionalen Anfragen betragen nur 1/4 des gesamten Auskunftsvolumens, nämlich knapp 7 von 27 Millionen Anfragen im Jahr. Steuerschulden oder was du dem Bundesverwaltungsamt an BAFöG zurückzahlen mußt, weiß die SCHUFA ohnehin nicht. Weil der Staat keine Bank ist.«

BERNIE RÄT:

Man muß es versuchen! Die Praxis zeigt, daß man sehr wohl hochverschuldet sein kann und doch noch einen Kredit bekommt – in einem anderen SCHUFA-Gebiet. Es hängt immer von der Cleverneß der Gläubiger ab und von dem guten Eindruck, den man dem Mann hinter dem Schreibtisch daläßt, ob über die Regelanfrage bei der örtlichen SCHUFA hinausgegangen und bei anderen SCHUFAs angefragt wird. Ohne irgendeinen Anlaß wird das kaum geschehen.

Schufa-Übergangslösung angestrebt

Reaktion auf das Urteil des Bundesgerichtshofes zur Daten-Weitergabe

Die Kreditinstitute wollen bis zum Inkrafttreten einer neuen „Schufa-Klausel" Anfang 1986 mit Übergangsbestimmungen die Weitergabe von Daten regeln. Wie jetzt aus Kreisen der Kreditwirtschaft verlautete, soll die Datenübermittlung an die Schufa nicht eingestellt, sondern rechtlich anders abgesichert werden.

Die Arbeitsgemeinschaft der Verbraucher (AgV) forderte, daß eine neue Schufa-Klausel folgende Mindestvoraussetzungen erfüllen müsse:

- ► Einholung einer ausdrücklichen schriftlichen Einwilligung des Kreditnehmers zur Speicherung und Weitergabe von ihm genannten Daten.
- ► Beschränkung der Speicherung und Weitergabe auf ein Minimum.
- ► Weitergabe nur jener Daten, deren Rechtmäßigkeit feststeht.
- ► Unentgeltliche Benachrichtigung des Kunden über die gespeicherten und weitergebenden Daten.
- ► Unverzügliche Löschung gegenstandslos gewordener Daten.

Die SCHUFA ist eine Schutzgemeinschaft der **Kreditgeber.** Also haben weder Vermieter noch der Kaufmann um die Ecke Zugang zu den Daten. Nicht einmal die Kreditvermittler können die Auskunftei befragen, denn sie selbst sind ja keine professionellen Geldverleiher. Das ist interessant bei »Geld-sofort-Angeboten«, denn erst die Bank, für die der Kredit vermittelt worden ist, kann deinen Schuldenstand bei anderen Kreditgebern erfahren. Hat der Kreditgeber allerdings seinen Sitz im Ausland (wie z. B. die Cash AG), darf er zur Strafe nicht Mitglied der SCHUFA werden und erfährt auch nichts.

»Welche Daten werden der SCHUFA gemeldet?«

Name, Adresse und Geburtstag (von wegen der Blumen?) des Schuldners und Mitschuldners (Bürgen), Kreditvertrag, Laufzeit, Ratenbeginn. Der Geburtstag ist wichtig, weil die Einwohnermeldeämter ohne ihn oft keine ausreichende Auskunft geben können. Manchmal wird sogar der Personalausweis fotokopiert, damit auch noch das Bild des Schuldners bei den Akten ist.

Dann wird die Abwicklung des Kredits gemeldet, etwa vorzeitige Rückzahlung, Stundung, Laufzeitverlängerung und, was das Spannendste ist, die nichtvertragsgemäße Abwicklung des Kredits, also den Ratenverzug, Mahnbescheid, Inanspruchnahme einer Lohnabtretung, Offenbarungs-Versicherung etc.

Die Auskünfte sind begrenzt auf solche Tatbestände, die das Mitglied seinerseits der SCHUFA meldet. Ein Kaufhaus, das nur Warenkredite vergibt, erhält auch nur Auskunft über Probleme des Schuldners bei Warenkrediten, erfährt aber nichts über andere Konsumentenkredite oder bestehende Bürgschaftsverpflichtungen. Übrigens, bei wem man verschuldet ist, erfahren die nachfragenden Banken in der Regel nicht, nur daß und welche Negativdaten gespeichert sind.

Wenn man später unter Hinterlassung von Schulden unbekannt verziehen muß, ist es gut zu wissen, daß sich neben dem Gläubiger, aber »auf Antrag desselben« auch die SCHUFA auf die Suche machen kann. 1983 hat sie denn auch 39 664 säumige Zahler erwischt, aber es blieben ihr noch 191 553 zu suchen. Sie findet also im Durchschnitt nur etwa 15–20% der unbekannt verzogenen Schuldner. Mit anderen Worten, man hat Chancen, unter die restlichen 80% zu fallen.

Jeder kann nach § 34 des Bundesdatenschutzgesetzes bei der SCHUFA eine sogenannte **Selbstauskunft** einholen, um zu wissen, was die über einen wissen. Da erfährt man auch, wer die Daten übermittelt hat, muß aber 10 bis 15 DM Bearbeitungsgebühren hinblättern. Das haben 1983 z. B. 85 657 clevere Bürger getan: um sich fröhlich im Zonenrandgebiet, in Aachen oder bei der Sparkasse der Insel Helgoland neu verschulden zu können.

Die SCHUFA hält die Daten von Kreditverpflichtungen bis zur vollständigen Rückzahlung in ihrem Bestand. Ist ja klar. Dann bleiben sie gespeichert für weitere fünf Jahre als »erledigte Kredite«. Begründung: Das tue man im Interesse des Kunden, das sei die beste Empfehlung für einen neuen Kredit. Negativmerkmale werden ebenfalls erst am Ende des 3. Kalenderjahres nach ihrer Einspeicherung gelöscht, also im äußersten Fall nach vier Jahren.

BERNIE RÄT:

Du solltest Informationen über Dich möglichst knapp halten und vor allem selbst steuern.

Entsprechend den Allgemeinen Geschäftsbedingungen der Banken (Nr. 10 AGB) kannst du deiner Bank untersagen, Auskünfte über dich zu erteilen. Bei Privatpersonen darf sie ohnehin nur den Mund aufmachen, wenn diese ausdrücklich zugestimmt haben. Als Geschäftskunde (juristische Personen und Kaufleute, die im Handelsregister eingetragen sind) mußt du allerdings eine entsprechende Weisung erteilen. Sonst erhalten Kunden der Bank und andere Kreditinstitute Mitteilungen in Form »allgemein gehaltener Feststellungen und Bemerkungen über die wirtschaftlichen Verhältnisse des Kunden, seine Kreditwürdigkeit und Zahlungsfähigkeit«. Genaue Daten, Beträge oder Kreditinanspruchnahmen dürfen allerdings nicht verbreitet werden.

Trotzdem. Da könnte ja jeder kommen.

Bei Straf- oder Steuerverfahren hätte man sowieso schon längst sein Nummernkonto in Österreich haben müssen. Denn in solchen Fällen ist die Bank gesetzlich verpflichtet, Auskunft zu geben. Im Ausland allerdings nur, wenn es ein Rechtshilfeabkommen gibt. Aber das ist höhere Mathematik, ab 1 Million aufwärts.

Es gibt noch andere **Auskunfteien,** Schimmelpfeng oder Kreditreform, die von jedermann beauftragt werden können, Informationen über die wirtschaftliche Lage eines möglichen Schuldners einzuziehen.

CHECKLISTE:

— Gibt es irgendeinen Bürgen? Unter den wirklich reichen Verwandten oder Freunden?
  Oder bei den wirklich armen Verwandten oder Freunden, die aber einen erheblichen Wirbel auf ihren Konten aufweisen können und daher kreditwürdig sind. (So macht es Hans)
— Weiß ich, was die SCHUFA weiß? Die örtliche und die anderen SCHUFAs? Und alle anderen in Frage kommenden Auskunfteien (Schimmelpfeng, Creditreform, Bürgel etc.)?
— Sind alle verjährten Daten nach Maßgabe des Datenschutzgesetzes auch gelöscht?
— Kann ich durch (wahrheitsgemäße!) Auskünfte an die Auskunfteien meine eigene Auskunft verbessern?
— Ist das zweite Konto schon eingerichtet?

Mahnung, Mahnbescheid und Klage

Die Mahnung

Vater Alois ist also **Ende Januar** mit Mutter Agnes auf seinem ausgeschöpften Dispokredit nach Teneriffa abgedüst, sich Sonne und goldene Hochzeit reinziehen. Vorher hat er in einer gönnerischen Geste dem Sohn das noch nicht abbezahlte Auto geliehen, »weil es der Junge mit so einem unregelmäßigen und unsicheren Einkommen doch so schwer hat«, nicht ohne noch einmal auf sein gesichertes Finanzsystem hinzuweisen, mit Restschuldversicherung. Da kann nichts schiefgehen. Hans war nicht beeindruckt von der soliden Rechnerei seines Vaters. Alles zu knapp. Nicht das große Geld, an das er rankommen wollte.

Als Vater Alois vergnügt und braungebrannt nach vier Wochen nach Hause kam, hatte sich denn auch Unangenehmes ereignet. Werkmeister Hempel hatte seinen Überziehungskredit überzogen, ohne es zu merken. Denn inzwischen war ein Scheck eingelöst worden, den er spendablerweise schon am ersten Urlaubstag in Teneriffa ausgestellt hatte, um seiner Frau ein überraschendes Korallenkollier zu verehren (DM 300). Als dann, wie jeden Monat, die am 15. Februar fällige Forderung der **Teilzahlungsbank (TZB)** kam, die Alois das Anschaffungsdarlehen für das Sofa gegeben hatte, wies die Bank den Lastschriftauftrag zurück. Am **25. Februar** flatterte die **erste Mahnung** ins Haus.

Das wäre alles nicht so schlimm gewesen, wenn nicht gleichzeitig die unerbittliche Marktwirtschaft »seine« Firma in Schwierigkeiten gebracht hätte, die ihn jetzt zu Kurzarbeit zwang. Also: weniger Lohn und keine Chance für Überstunden.

Laß die man mahnen, dachte Vater Alois verärgert und warf die Mahnung weg. Damit war Alois endgültig in Verzug geraten, so wie jährlich 1,5 Millionen Kreditnehmer, was soviel nun auch wieder nicht ist, weil jeder zweite deutsche Haushalt verschuldet ist. Aber das heißt noch nichts, denn die Deutschen zahlen alles, was sie schulden, auf Heller und Pfennig: Nur bei 4% aller bankmäßigen Ratenkredite wird am Ende wirklich nicht gezahlt.

Die TZB geduldete sich nicht, als Vater Alois am **15. März** zum zweiten Mal die fällige Rate nicht zahlen konnte, sie schickte die **zweite Mahnung.** Gleichzeitig kommt die **erste Mahnung der Autobank** wegen des Autokredits, denn auch sie hat sich an Alois ausgeschöpfter Kreditlinie gestoßen.

BERNIE HEMPEL PACKT AUS:

Interessant ist doch, daß die meisten Menschen Angst vor dem Ärger haben, wenn sie nicht zahlen können. Und wie man dann dasteht! Na bestens, denke ich. Je weiter man nach oben kommt, was die Verschuldung angeht, desto weniger braucht man sich Sorgen machen: Man ist ein angesehener Mann, und die Bank ist mit auf der Party. Also: Einen Banker ausreichend begeistern, möglichst große Summe leihen und zusehen, daß man selbst und das Geld in Sicherheit sind, wenn es zum Schwur kommt und die Bank Konkurs anmelden müßte, wenn nicht... Also das ist die Geschichte der renommierten Privatbank Schröder, Münchmeyer, Hengst & Co aus Frankfurt und wie sie von dem Baumaschinenhändler Esch um bare 1,2 Milliarden Mark erleichtert wurde.

Es war einmal ein pfiffiger Schlossersohn, der in den USA studiert hatte, überzeugend, energisch und 40 Jahre alt war. Der kaufte seit 1975 stets mit geliehenem Geld verschuldete Baumaschinenfirmen und hoffte, mit den Umsätzen von morgen die Kredite von gestern zu bezahlen. Aber die meisten reichen Länder hatten schon Häfen und Straßen, Wohnungen und Fabriken, und so verkaufte der weitreisende Mann allerlei Gerät in die armen Länder, denen wegen ihrer eigenen Schulden aber in diesen Jahren das Geld ausging. Je flacher der Boom, desto mehr Firmen kaufte der gelehrige Finanzmann, denn er wollte der Drittgrößte am Weltmarkt werden. Und so die Krise überstehen. Seine Mainzer Holding IBH, in die er auch Firmen wie Hanomag oder Zettelmeyer verschachtelte und alles mit der eigenen Finanzierungsgesellschaft Finzac verwob, war denn auch bald so groß, wie er wollte, aber auch die Schulden: allein 1982 DM 212 000 000. Und denen entsprach sein Lebenswandel.

Naja, was ich sagen wollte: Seine Mainzer IBH-Holding hing aber immer mehr am Tropf der vornehmen SMH-Bank, die sich nicht lumpen ließ. Denn dort regierte Graf Friedrich von Galen, der, die guten Grundsätze des Gewerbes mißachtend, schließlich an eine einzige Firma das Achtfache des Bankkapitals ausgeliehen hatte.

Als Horst Dieter Esch den Laden dicht machte, hatte er 1 200 000 000 DM (lies 1,2 Milliarden) Bankschulden. Das gab Ende 1983 wg. Kreditbetrugs und Bilanzfälschung dreieinhalb Jahre Knast: Für gute sieben Jahre Leben, wie es sich gehört, sich als Chef ganz oben fühlen (10 000 Mitarbeiter) und die Cremetörtchen der ganz Reichen essen dürfen. Immerhin.
Und dann muß man sich das mal ausrechnen: Wenn er nur 50 Millionen im Jahr zurückzahlen wollte, bräuchte er schon 25 Jahre dafür (den Rest seines Arbeitslebens) und müßte 50mal mehr verdienen als ein Vorstandsmitglied der Deutschen Bank. Und dann muß er davon noch leben. Also mit der Hände Arbeit ist da nichts zu machen. Aber rührig ist der Schlossersohn geblieben: In seinem Knasturlaub wirbt er Werbekunden fürs Kabel-Radio Petticoat.

Und um das Zurückzahlen kümmern sich andere:
Die SMH-Bank war ja nun so pleite wie ihr Kunde durch die Gebefreudigkeit des Grafen, der schlechtem Geld immer noch gutes hinterhergeworfen hatte. Also trafen sich die Bankerkollegen von 40 deutschen Banken, die ihrerseits der SMH-Bank Geld geliehen hatten (ist ja alles so vernetzt heutzutage). Sie retteten, was zu retten war, indem sie ihre Leihgaben zu Einlagen machten. Das heißt, sie übernahmen gleich die ganze Bank und die übriggebliebenen Esch-Firmen. Damit war die Bank über den Berg. Aber die Kollegen wollten natürlich nun von dem persönlich haftenden Gesellschafter von Galen wiederhaben, was zu holen war: immerhin ein Schloß, ein Haus, Grundbesitz, Aktien (geschätzte 55 Millionen) und seine Bankeinlage von 43 Millionen. Die war Graf Ferdinand allerdings los.

Aber das macht nichts. Denn er war mit einer Bankierstochter verheiratet: Anita Hengst. Und da herrscht Gütertrennung. Wie der Name schon sagt, gehörten der Frau Bankanteile, die sie ein halbes Jahr vor der Pleite ihrem Mann für 30 Millionen verkauft hatte. Das war gutes Geld gegen schlaffes Papier. Eine Bank, die kein Geld hat, ist eben nichts mehr wert. Dieses Geld wollen die Bankiers nun auch wiederhaben. Weil es nicht rechtens ist, aus einem bankrotten Unternehmen noch Geld zu ziehen.

Aber das macht nichts. Denn da sind ja noch die Firmenbeteili-

gungen in den USA. An die 100 Millionen. Die hat der Graf seinen westfälischen Mitbesitzern an der Bisping Corporation und seiner Frau verkauft.

Und so saß er denn zufrieden auf einer Ranch in Connecticut. Aus Frankfurt »unbekannt verzogen«. Da machte er den Fehler, die Heimat wiedersehen zu wollen, und wurde doch noch festgenommen unter dem Vorwurf, er habe die 40 Banker über Rückzahlungsfähigkeit seines Institutes getäuscht und Bilanzen gefälscht.
Naja, es kann ja nicht immer alles gutgehen. Hauptsache, man muß nicht zurückzahlen und »lebt von der Ehefrau«.

Vater Alois ärgert sich besonders, weil die TZB Mahngebühren von 20 DM erhob, die er einfach unverschämt fand. »Was kostet die denn ein einfacher Brief, auch noch mit Computer?«

BERNIE RÄT:

Mahngebühren (erstmal) nicht bezahlen!

Gläubiger können zwar Mahngebühren erheben, die zwischen 1 DM und 30 DM oder mehr liegen können. Aber der Schuldner muß sie nur bezahlen, wenn sie sich als ein konkreter Verzugsschaden erweisen (§ 286 BGB), das heißt, als wirkliche Kosten dem Gläubiger entstanden sind, **weil** der Schuldner nicht gezahlt hat. Das ist in der Regel weder der Fall, noch einfach nachzuweisen. Falls die Mahngebühren berechtigt gewesen sein sollten – und zu ihnen zählt nicht das Schreiben des Mahnbriefes selbst, kann man sie später immer noch bezahlen.

Ausnahmen gibt es: Zum Beispiel dürfen die Elektrizitätswerke oder andere öffentlich-rechtliche Einrichtungen Mahngebühren erheben, an denen rechtlich wenig zu rütteln ist, denn diese Gläubiger fallen nicht unter die Regelungen der Allgemeinen Geschäftsbedingungen (AGB), wie etwa die Banken und andere kaufmännisch tätige Einrichtungen und Personen.

Mit dem Sicherheitsgefühl von Vater Alois ist es allerdings jetzt vorbei. Die Krise ist da, gewürzt mit furchtbarem Streit. Die immer noch ein bißchen gebräunte Agnes regt sich wegen des Haushaltsgeldes auf. Das Glück ist hin. Bernie muß her.

BERNIE RÄT:

Wenn man in Zahlungsschwierigkeiten gekommen ist, muß man vor allem und zunächst seine eigene Haut retten, nicht die des Gläubigers.

Also: Entweder die Lastschriftaufträge sofort kündigen oder ihnen binnen sechs Wochen widersprechen; alle entsprechenden Daueraufträge lösen oder dafür sorgen, daß sofort nach Überweisung von Lohn oder Gehalt das Konto leergeräumt wird.

Mahnungen sind die Chance, erst einmal zwei Monate, manchmal auch drei – je nachdem, wie schnell die Verwaltungen der Gläubiger funktionieren – nicht zu zahlen. Danach kann man sich immer noch zu verständigen suchen.

Aber aufgepaßt: **Jetzt kommt es auf die Strategie an!**

In der Phase der außergerichtlichen Mahnungen werden schon die Strategien begonnen. Ob man will oder nicht. Jeder Gläubiger hat für sich ein solches Strategieschema: Was er wann tun wird, wenn der Schuldner sich wie verhält. Hierzu wird heutzutage ein Computer eingesetzt. Und ein Anwalt. Im genialsten Fall der Computer des Anwalts.

BERNIE HEMPEL PACKT AUS:

Kürzlich las ich, wie es läuft, da schrieb ein Herr S. aus H.: Ich hatte probehalber ein Buch bestellt, das ich am 11. 6. 1982 innerhalb der Frist zurücksandte (als Paket). Am 13. 7. kam dann die erste Mahnung, zwei Monate später die zweite Mahnung, einen weiteren Monat später die dritte. Am 15. 11. erhielt ich dann vom Anwalt einen Brief, der mir eine letzte Frist bis zum 29. 11. setzte, mit der Ankündigung, danach würden gerichtliche Schritte eingeleitet. Nachdem die Frist herum war, ging es dann wieder mit der ersten Mahnung los, zwei Monate später kam wieder die zweite Mahnung usw. In schöner Regelmäßigkeit geht das nun schon über zweieinhalb Jahre. Die sechste Frist lief am 4. 1. 1985 ab, inzwischen sind wir beim siebten Durchlauf. Interessanterweise wurde der ursprüngliche Betrag von 19 Mark noch nie um eine Mark oder mehr erhöht. Andere Firmen sind sehr schnell mit Mahngebühren dabei. Diese Firma hat mir inzwischen sechsundzwanzigmal geschrieben. Da eine Briefdrucksache 70 Pfennige kostet, wurde allein für Porto bisher ein Betrag von 18,20 DM fällig.

Der Schuldner sollte also nicht auf eine eigene Strategie verzichten. Für den sicherheitsbewußten Vater Alois gäbe es zum Beispiel folgende Möglichkeiten:

— **Stundung,** auf die sich Kreditgeber auf bis zu fünf Monaten einlassen. Das wären also im günstigsten Fall bis zu sieben Monate Pause (wenn man die beiden Mahnmonate dazurechnet). Bis dahin kann Alois wieder normale Arbeit haben und ihm die Zahlung seiner Raten keine Schwierigkeiten mehr machen.

— **Ratensenkung.** Vorsicht! Das ist immer eine Umschuldung, d. h. der Kredit wird auf Basis niedrigerer Raten neu berechnet, auch mit einer neuen Zinsrate, die höher sein kann als die vorherige, weil sich das gesamte Zinsniveau inzwischen gehoben hat. Das Bankinstitut **kann** – obwohl das nicht üblich ist – eine neue Bearbeitungsgebühr erheben. Die Cash AG tut's immer.

Bei diesen Vorschlägen ist es allerdings notwendig, spätestens nach Erhalt der zweiten Mahnung um Stundung zu bitten. Sofort oder sogar vor Erhalt der zweiten Mahnung tätig zu werden ist notwendig, da bei schnellen Banken zehn Tage nach der zweiten Mahnung der Computer schon das Amtsgericht um den Titel angeht und den Mahnbescheid ausdruckt, womit sofort die ganze Schuld fällig wird. Und der Mann am Kreditschalter wird sich mit hochgezogenen Schultern hinter dem Bankcomputer verstecken: »Ja, wissen Sie, jetzt können wir da gar nichts machen, das läuft alles automatisch!«

Rechtzeitige Stundung wäre der preiswerteste Weg:
Hier fallen nur die Zinsen für den gestundeten Zeitraum an und möglicherweise eine Bearbeitungsgebühr von 10 bis 15 DM für die Umstellung der Elektronischen Datenverarbeitung auf den neuen Kreditzeitraum.

Der Vorschlag zur Ratensenkung durch Umschuldung betrifft natürlich nicht nur die Bank, bei der man den Kredit aufgenommen hat, und auch nicht nur die Zwangslage, in der Alois gerade steckt. **Sobald der Zinssatz für ein Darlehen höher als sechs Prozent ist, darf jeder Schuldner mit einer sechsmonatigen Kündigungsfrist aus dem Vertrag aussteigen (§ 247 BGB).** Dieses Recht kann weder ausgeschlossen noch beschränkt werden. Außer bei Hypothekendarlehen. Nützlich ist die Kündigung in zwei Fällen: Wenn der allgemeine Zinssatz rapide fällt oder wenn man bei einer Bank nur die Hälfte der Zinsen zahlen muß wie bei einer anderen oder beim Kreditvermittler. Da bei neuen Krediten immer an die Nebenkosten gedacht werden muß, ist allerdings einiges Rechnen erforderlich, bei dem die Bank mit den hohen Zinsen einem sicher nicht helfen wird. Grundlage der Rechnerei ist die Restschuldsumme (die ist im Zusammenhang mit der Restschuldversicherung schon erwähnt worden).

Und so rechnen Sie bitte die berühmte »**Restschuldsumme**« aus, die Sie zum Zeitpunkt des vorzeitigen Endes Ihres Kredits zurückzuzahlen haben:

1. Bisher zurückgezahlte Summe zusammenrechnen (zum Beispiel: 12mal 170 Mark = 2040 Mark. Ihr Kredit liegt bei 6000 Mark).
2. Davon die monatlich fälligen Zinsen abziehen (z. B. 0,9 Prozent mal 12 Monate = 648 Mark).
3. Der Rest ist der Betrag, den Sie schon getilgt haben! (Also 2040 Mark minus 648 Mark = 1392 Mark.)
4. Dann noch die Bearbeitungsgebühr bezahlen (2 Prozent von 6000 Mark = 120 Mark).
5. Sie müssen nur noch 4728 Mark zurückzahlen (6000 Mark minus 1392 Mark plus 120 Mark).

Wer in Gladbeck wohnt, so hört man, findet bei der Stadtverwaltung einen »**Schuldenberater**«, auch manche **Verbraucherzentralen** geben Hinweise.

Aber Vater Alois könnte auch vorhaben, die ganze Abzahlerei überhaupt zu lassen. Dazu wird er ohnehin bald gezwungen sein. Denn, wie schon gesagt, der gesamte Kredit wird sofort fällig, wenn der Kreditnehmer »an zwei aufeinanderfolgenden Fälligkeitsterminen mit Zahlungen im Rückstand ist und der rückständige Betrag am 2. Fälligkeitstermin eine Monats-Rückzahlungsrate übersteigt«. So steht es in einigen Kreditbedingungen. In anderen kann man auch lesen, daß mindestens dreimal gemahnt worden sein muß, ehe die gesamte Summe fällig wird. Es lohnt sich also, jetzt noch einmal einen Blick auf die Rückseite des Kreditformulars zu werfen, denn in diesen Bedingungen sind die Banken unterschiedlich.

Da es der Logik des Kreditsystems entspricht, den Schuldner gerade dann am heftigsten zur Kasse zu bitten, wenn er am wenigsten zahlen kann, muß dieser ein überraschendes Mittel einsetzen: die totale Zahlungsunfähigkeit auf Jahre.

Aber bisher ist Vater Alois noch gutwillig. Wegen seiner Zahlungsmoral. Doch die wird nicht lange halten, denn wo kein Geld ist, hat es die Moral genauso schwer wie da, wo sehr viel Geld ist.

BERNIE HEMPEL PACKT AUS:

Das hatten wir ja schon: Preise etwas an, was du gar nicht hast. Je unüberprüfbarer die Idee, desto glaubwürdiger. Und wenn da irgend etwas zu belegen wäre vor dem Finanzamt, Banken, Gläubigern, Käufern, da reicht immer Papier: amtlich, beglaubigt, gestempelt, geprüft, veröffentlicht und – gefälscht, wenn man's wie Erlemann macht.

Dabei braucht man natürlich die Hilfe der Gesetze. In diesem Fall die der Steuergesetze. »Aus Steuern Vermögen bilden« heißt die Devise. Ärzte, Anwälte und Apotheker investierten aus ihren ertragreichen Einnahmen in die abenteuerlichsten Projekte – bevor das Finanzamt kassieren würde. Warfen diese Projekte Verluste ab, dann wurden die – wiederum steuermindernd – mit den sonstigen Gewinnen des Investors verrechnet. So konnte man bis zum Mehrfachen der Kapitaleinlage dem Finanzamt vorenthalten. In dieser krassen Form funktionierte das allerdings nur bis 1980.

Aber bis heute gilt: Der Verlust als Vater des Gewinns ist die Basis aller Abschreibe-Akrobatik. Die beherrschte der Kölner Doktor Jochem Erlemann genial. Er und clevere Mitarbeiter, Freunde, Helfershelfer aus der Welt des vielverdienten Geldes brachten so 220 Mil-

lionen zusammen, die 3000 Bundesbürger dem Fiskus ganz legal entziehen wollten.

Nun der Clou:
Man gründe ein, zwei, viele Fonds, etwa:

- *Contruck* — *Gasflaschen und Sattelschleppervermietung in Libanon und Iran*
- *Pegia* — *Gascontainer und Lastwagen nach Saudi-Arabien*
- *Prefab* — *Fertighäuser in den Nahen Osten*

Dann sammele man das Geld von Steuersparern. Es sollten auch einmal 12 Demag-Kräne oder 41 Daimler-LKW für Contruck geliefert werden. Bei Pegia kann man es auch anders machen: Man muß nur von dem befreundeten Mercedes-Vertreter aus Vechta alte Listen von LKW-Lieferungen an die Saudis beschaffen, leicht retuschieren und dem Finanzamt vorlegen. Das erspart dem Fonds eine Menge Investition und tröstet Amt und Anleger.

Nun leite man z. B. 37 Millionen des Steuersparer-Geldes auf das Konto der libanesischen Scheinfirma Gaz & Petrol, die dafür keine Butangasflaschen kauft. Der orientalische Compagnon Nabih Sidani sollte fürstlich entlohnt werden, schließlich muß er ja das viele Geld gleich weiterleiten, auf die Privatkonten der Fondsgründer, die in Liechtenstein gut untergebracht wären. Aktienanteile richtiger libanesischer Firmen, etwa der Gaz Orient, sind eine gute Anlage, die man in den Züricher Safe der Schweizerischen Volksbank legen könnte. Der Wirtschaftsprüfer Günter Reinartz, der den Papierkram macht mit seinen 28 Schreibmaschinen, selbstgebastelten Stempeln und kopierten Unterschriften, muß auch leben, eine gute Million ist drin.

Gut ist natürlich, wenn der Stempelmann vielseitig ist. Denn pro forma braucht man eine zu diesem Zweck gegründete Treuhandgesellschaft: pro cura. Und deren Chef sollte oben genanntes Genie sein, Wirtschaftsprüfer und natürlich nichts mit der Sache zu tun haben. Nur so kann er nämlich Anlegern und Steuerbehörden bestätigen, daß da kein linkes Ding gedreht wird.

Drei Jahre lief die Sache prima für alle Beteiligten. Selbstverständlich muß immer wieder geschmiert werden, wenn alle Räder laufen sollen. Da wollen die Presse, Berater, Anwälte, Geschäftsführer der Fonds betreut und versorgt sein. (Das kostet etwa 800 000.) Man sollte seinem Wirtschaftsprüfer schon einmal eine Prämie von 750 000 da lassen, auch dem Steuerberater in gleicher Höhe, damit er nicht nei-

disch wird. Ein Vertriebschef dürfte 650 000 Weihnachtsgeld wert sein.

Ein persönlicher Bankdirektor ist immer gut. Das haben wir ja schon gelernt: Ohne wirklich menschliche Beziehungen ist das Geldmachen schwer und ohne Freude in dieser freudlosen Welt. Und wenn es sich um den Direktor einer Schweizer Bank handeln sollte, die die Konten der Fonds betreut, fein numeriert natürlich, darf man erst mal beruhigt sein.

Es ist dann immer genug da für den privaten Lear-Jet, unerläßlich für Geschäftsreisen. Ein paar Villen in St. Tropez braucht man zur Erholung im Sommer und für den Skiurlaub irgend etwas in Österreich.

Damit man die Einkommen der Fondsbetreiber korrekt verbuchen kann, werden diese für ihre unerläßlichen Dienstleistungen im Rahmen freier Vereinbarungen entgolten. Hier mal 1,1 Millionen für die »steuerliche und wirtschaftliche Sanierung« des notleidenden Prefab-Fonds. Dort 2,2 Millionen für erstaunliches Verhandlungsgeschick bei einem nie zustande gekommenen Grundstückskauf in Bayern. Der Phantasie sind keine Grenzen gesetzt, wenn sie nur nachher in gestempelter und wirtschaftsgeprüfter Form glaubhaft gemacht wird.

Wie oft im Leben scheitert Genialität am menschlichen Versagen: Ein offensichtlich nicht ausreichend betreuter und versorgter Mitarbeiter erzählt alles der Polizei. So kam auch Jochem Erlemann in Haft, kurz bevor er mit dem Lear-Jet davonsegeln konnte.

Nun muß also wieder gerettet werden. Erlemann hatte ein bißchen vorgesorgt: Er war österreichischer Staatsbürger geworden und hatte restliche Millionen auf Frau und Kinder überschrieben. Um die Justiz milde zu stimmen, hat er denn auch hier und da ein bißchen gestanden, damit er nicht zu lange sitzen müßte. Tatsächlich: Zwar wurde Dr. Erlemann zu acht Jahren Haft verurteilt, aber minus U-Haft und 2/3 Strafe wg. guter Führung konnte er dieser Tage seine Entlassung mit einem Champagner feiern, der der gehobenen Stimmung in gehobener Gesellschaft würdig ist. Noch während der Knastzeit war er wieder im Geschäft: Vom Frankfurter Büro einer »Fertig GmbH« bot er Zinsdifferenz-Geschäfte an oder Versicherungsmodelle oder so etwas. Nachts ging er in seine Zelle in Darmstadt schlafen. Wer also ein rechter Unternehmer ist, so lernen wir, unternimmt, wo er kann, und fängt überall an.

Anders geht es natürlich Alois. Die von ihm **Ende März** noch vorgeschlagene Stundung lehnte die TZB ab. Sie wollte das Geld sofort. Ganz gleich, wie lange es dauert. Und so überlegte Alois, wie er von jetzt an mit Hilfe von minderwertigeren Nahrungsmitteln, geringerem Kulturkonsum, geschmälertem Benzinverbrauch und: »Kein Urlaub mehr dieses Jahr!« die Kröten für sein altdeutsches Wohnzimmer zusammenkriegen könnte. Natürlich kann diese Rechnung nicht aufgehen, weil man schon ganz schön viel Margarine essen muß, um vom Preisunterschied zur Butter 300 DM Abzahle zusammenzusparen.

BERNIE RÄT:

Nicht sein Leben einschränken, sondern den Gläubiger.

Die Mahnung und der Mahnbescheid geben viele Wochen Zeit.

Der Mahnbescheid

Um den **5. April,** genau zehn Tage nach der zweiten Zahlungsaufforderung, hat die schnelle TZB einen **Mahnbescheid beantragt,** der am **12. April zugestellt** wird. Die dichten Wolken über dem altdeutsch bemöbelten Heim von Vater Alois, dem die freie Marktwirtschaft immer weniger gönnen will, werden immer grauer. Das macht Vater Alois so nervös, daß er den blauen Brief gleich wegschmeißt.

BERNIE RÄT:

Mahnbescheide sind nicht zum Wegwerfen da. Mahnbescheide sind zum Widersprucherheben da. Nur das bringt dem Schuldner Zeitgewinn und dem Gläubiger Ärger. Natürlich kann der Spaß auch etwas kosten – wenn man ihn später bezahlt. Aber das läßt sich genau abwägen.

Das Formular

Mit dem Mahnbescheid betritt die Schuld den Raum des Rechts – und sieht sich da erst mal gründlich um. Jedenfalls sollte der Schuldner das tun. Und den Mahnbescheid deswegen nicht wegwerfen.

Bevor nämlich der Gläubiger gegen den Schuldner mit Zwang vollstrecken kann, muß er die Staatsgewalt anrufen – gewöhnlich ist das ein Amtsgericht. Bei Streitwerten über 5 000 DM ist dann das Landgericht zuständig, wenn der Schuldner auf den Mahnbescheid nicht reagiert und Klage erhoben wird. Aber darüber später.

Wie man schon aus der differenzierten Staffelung der Forderungen bis 10 000 DM und der dazugehörigen Gerichtsgebühren auf dem Mahnbescheidsformular ersehen kann, erwarten die Gerichte auf diesem Weg, Kleinschulden zu regeln, die auch vom Schuldner nicht bestritten werden (können) und so die Gerichte entlasten. Denn wo Recht ist, kann es ja ruhig bleiben. Selbst oder gerade, wenn der Schuldner es zugibt. Damit sind nämlich die Schulden noch nicht bezahlt. Durch die richterliche Feststellung ändert sich also nichts. Es kostet den Gläubiger halt nur mehr, ermöglicht ihm aber die Vollstreckung. Der hofft es freilich vom Schuldner zurückzubekommen. Das Mahnbescheidverfahren sollte für die Gläubiger dadurch interessant werden, daß es nur die halben Gerichtskosten verschlingt (48 DM bei 3 500 Streitwert z. B.) und relativ wenig Einsatz kostet. (Da ist nur das Formblatt auszufüllen.) Dafür kümmert sich dann auch nur ein Rechtspfleger um das Formular und macht termingerecht die passenden Stempel darauf.

Legt der Schuldner jedoch Widerspruch ein, kommt es zu einer Klage vor Gericht und mündlicher Verhandlung. (Das sehen wir ab S. 72 noch genauer.)

Erkennt das »erkennende Gericht« aufgrund eines widerspruchslos hingenommenen Mahnbescheids, eines ohne Einspruch vorübergehenden Vollstreckungsbescheids oder aufgrund eines Urteils nach entsprechender Klage den Anspruch an, dann hat der Gläubiger einen »**Titel**« erworben, auf dem ihn der Schuldner 30 Jahre lang sitzen lassen kann, denn dann ist dieser Anspruch verjährt (§ 218 BGB).

Der Gläubiger muß nämlich einen historischen Atem haben, wenn er einen Titel über, sagen wir 15 000 DM plus 4% Zinsen, aus dem Jahre 1956, sozusagen von Adenauer bis zu dessen Enkel, wirtschaftlich herüberretten und 1986 vollstrecken will. Die Sache wird besonders uninteressant, weil auch titulierte Zinsen nach vier Jahren verjähren. Ist der Mahnbescheid also erst einmal 15 Jahre alt, dann muß man nicht für die letzten 15 Jahre, sondern nur für die letzten vier Jahre Zinsen zahlen. Es sei denn, der Gläubiger hat die Verjährungsfrist immer wieder, z. B. durch einen Pfändungsantrag, unterbrochen.

---

⑧ **Kosten des Verfahrens**

[1] Die **Gerichtskosten,** dies sind die **Gerichtsgebühr** und der **Auslagenbetrag von 5 DM** für die Zustellung des Mahnbescheids an den Antragsgegner, sind **vorauszuentrichten.** Es empfiehlt sich, dafür **Kostenmarken** zu benutzen. Diese sind bei allen Gerichten erhältlich und sollen rechts oben auf Blatt 1 des Vordrucksatzes in dem dafür vorgesehenen Feld aufgeklebt werden. Die Gerichtsgebühr (s. die folgende Tabelle) richtet sich nach dem Wert der Hauptforderung ohne Zinsen und Kosten.

Bei **mehreren Antragsgegnern** (s. oben zu ② und ④) entsteht die Gerichtsgebühr nur einmal, jedoch sind je Antragsgegner 5 DM für die Zustellung hinzuzurechnen und vorauszuentrichten.

Wert der Hauptforderung bis einschl.	Gerichtsgebühr	Wert der Hauptforderung bis einschl.	Gerichtsgebühr	Wert der Hauptforderung bis einschl.	Gerichtsgebühr
400	10,-	1 800	31,-	5 800	64,-
500	11,50	1 900	32,-	6 200	67,-
600	13,50	2 000	33,-	6 600	70,-
700	15,-	2 300	35,50	7 000	73,-
800	16,50	2 600	38,-	7 400	76,-
900	18,-	2 900	40,50	7 800	78,50
1 000	19,50	3 200	43,-	8 200	81,-
1 100	2[illegible],-	3 500	45,50	8 600	83,50
1 200	22,50	3 800	48,-	9 000	86,-
1 300	24,-	4 100	50,50	9 500	88,50
1 400	25,50	4 400	53,-	10 000	91,-
1 500	27,-	4 700	55,50	über 10 000	Gebühr beim Amtsgericht erfragen
1 600	28,50	5 000	58,-		
1 700	30,-	5 400	61,-		
Alle Angaben in DM					

[2] **Auslagen des Antragstellers** sind z. B. die Kosten dieses Vordrucksatzes und das Porto für die Einsendung an das Gericht.

[3] bis [5] Nur von Rechtsanwälten oder Rechtsbeiständen auszufüllen.

Der Rechtsfriede ist natürlich auch dann hergestellt, wenn der Gläubiger die 30 Jahre nicht durchhält und schon vorher auf seinen Anspruch verzichtet. Wenn klaglos gezahlt wird, ist sowieso alles klar.

Der Mahnbescheid wird also vom Gläubiger beim zuständigen Gericht beantragt (beim Amtsgericht ohne, beim Landgericht mit Anwaltszwang) und dann per Post als »Schriftstück niedergelegt«. Natürlich nicht vor der Haustür. Nicht einmal im Briefkasten. Diese Blauen Briefe müssen persönlich übergeben und quittiert werden. Ab Unterschrift und Datum läuft nämlich die Widerspruchsfrist. Unten auf dem Formular steht der entscheidende Satz:

> »**Das Gericht hat nicht geprüft, ob dem Antragsteller der Anspruch zusteht.** Es fordert Sie hiermit auf, innerhalb von **zwei Wochen** seit der Zustellung dieses Bescheids **entweder** die vorstehend bezeichneten Beträge, soweit Sie den geltend gemachten Anspruch als begründet ansehen, zu begleichen **oder** dem Gericht auf einem Vordruck der beigefügten Art mitzuteilen, ob und in welchem Umfang Sie dem Anspruch widersprechen.«

Wenn Mahnbescheid oder Klage zugestellt wird: In beiden Fällen werden umfangreiche und detaillierte Belehrungen verschickt, die man nur durchlesen und an die man sich halten muß und die man **nicht in den Papierkorb** werfen soll. Dann kann man notfalls auch ohne Anwalt form- und fristgerecht Widerspruch einlegen oder die »Verteidigungsanzeige« zum Amtsgericht schicken. Achtung: Wer vom **Landgericht** Post bekommt, **muß** zum **Anwalt,** wenn er sich gegen die Klage verteidigen will, denn beim Landgericht kann man sich nur durch einen Anwalt vertreten lassen. **Eigene Prozeßhandlungen** sind **wirkungslos.** Auch dann, wenn man selbst zum Termin erscheint. Der Widerspruch muß schriftlich erhoben (§ 694, Abs. 1, ZPO) werden.

Ist der Schuldner nicht anzutreffen, läßt der Postbote einen gelben Benachrichtigungsschein da und lagert das Schriftstück beim zuständigen Postamt solange, wie die Frist dauert: 14 Tage.

Wer noch kein Mahnbescheidformular gesehen hat, findet eins auf S. 84/85.

BERNIE RÄT:

Wer Schulden hat, muß auf seine Post aufpassen. Oder keine Adresse haben.

Bei der Beantragung des Mahnbescheids macht der Gläubiger häufig eine ganze Reihe Flüchtigkeitsfehler, die ihm zum Verhängnis werden und beim Schuldner ein Gefühl des Wohlbehagens hervorrufen können:

Adresse und Namen des Schuldners müssen absolut korrekt geschrieben sein. Schon Schreibfehler, geschweige denn Personenverwechslungen (wenn Vater und Sohn im selben Haus wohnen und denselben Namen tragen) müssen ausgeschlossen sein.

Der Mahnbescheid braucht dann nicht akzeptiert werden, wenn er zum Beispiel an A. Hempel adressiert ist. Es muß Alois draufstehen. Darüber muß sich allerdings der Gläubiger mehr Gedanken machen als der Schuldner.

Kommt so ein Fehler vor, braucht der Schuldner Nerven, die er mit Hilfe anwaltlicher Beratung aber gut aufbringen kann: Wohnt nämlich noch Tante Anette Hempel im Haus, muß Vater Alois den Gerichtsvollzieher nur fragen, wer denn wohl gemeint ist. Und der kann es ja auch nicht wissen, selbst wenn er Alois Hempel schon als geübten Schuldenmacher kennt (siehe Kapitel »Die Verzögerungstaktik«). Die durch des Gläubigers Schludrigkeit notwendigen Beratungshonorare des Anwalts werden dem Schuldner ersetzt, wenn der Gläubiger nicht innerhalb einer gesetzten Frist (ca. zehn Tage – § 286 BGB) die Sache richtigstellen kann.

Der Schuldner findet auf dem Formular den Anspruch bezeichnet, also hier: Anschaffungsdarlehen und als Hauptforderung den noch zu zahlenden Betrag aus der geliehenen Summe, die Zinsen, vorgerichtliche Kosten (das sind etwa Mahngebühren) und dann die Kosten des mit dem Mahnbescheid beginnenden Verfahrens:

Gerichtskosten
Auslagen des Antragstellers
Gebühr des Prozeßbevollmächtigten
Auslagen des Prozeßbevollmächtigten
Mehrwertsteuer des Prozeßbevollmächtigten

BERNIE HEMPEL PACKT AUS:

Man kann die ganze Sache auch einfacher machen und sich aus dem Staub, bevor irgendein Mahnbescheid in Aussicht ist. Überhaupt: Beweglichkeit, Flexibilität, Entscheidungsfreude zählen zu den wichtigsten Eigenschaften, wenn es ums große Geld geht. Nehmen wir mal den Fall, der da kürzlich in Berlin passiert ist:

Wie immer ist ein bißchen Anfangskapital notwendig, um eine englische Filmproduktionsgesellschaft zu gründen, ein Büro am Ku-Damm zu mieten und ein bißchen eindrucksvoll zu möblieren. Dann gibt die attraktive Empfangssekretärin des deutschen Niederlassungschefs der Movie-Production Anzeigen auf, um Schauspieler(innen) anzuwerben.

Natürlich melden sich alle arbeitslosen Bühnenmiezen und -kater, aufstiegsorientierte Friseusen und Tankwarte sowie Diplom-Pädagoginnen und promovierte Germanisten. Viel zu viele. Filmseidank. Geduldig schaut der Produktionschef alle vorgebrachte Schönheit an, macht allen die notwendige Hoffnung, die sie zum Überleben brauchen und (ACHTUNG, jetzt kommt der Clou des Coups), bittet um drei Fotos von einem echten Fotografen. Gleich gegenüber wäre einer, der für britische Produktionsentscheidungen geeignete Lichtbilder für lächerliche 45 DM sofort herstelle.

Den Fotoladen muß man natürlich auch gemietet haben. Der Fotograf hat Ahnung. Das merkt auch der schon geübte arbeitslose Schauspieler an den vielen professionellen Geräten, die da für drei Monate geliehen wurden.

Eindrucksvolles Herumknipsen und die Versicherung, die Fotos gingen gleich an die Filmfirma, beenden die Aktion. Bei kritischen Kunden, die der Eitelkeit wegen einen Abzug haben wollen, muß man dann vielleicht doch einen Film parat haben, den Abzug zu 20 DM.

Wie das Gerücht geht, hätten sich auf diese Weise 8 000 Menschen gefilmt gefühlt, als nach ein paar Wochen von dem vornehmen Büro und dem freundlichen Fotografen nichts mehr zu finden war.

Jetzt laßt uns mal denken: 8 000 mal 45, macht doch rechne und schreibe 360 000 Emmchen. Abzüglich Kosten rauf und runter, bleiben doch da für Sekretärin, Fotograf und Chef 100 000 – in drei Monaten. Länger kann man die Sache allerdings auch nicht machen, wenn man die Miete für Büro, Laden, Telefon etc. wenigstens für die letzten zwei Monate (in betrügerischer Absicht) sparen will. Und dann kommt die Zeit, wo man die Filmwilligen, die sich zuerst gemeldet hatten, vertrösten muß. So was blockiert nur die Telefonleitungen und die Nerven.

Also, sich fix vom Acker machen und eine andere Filmgesellschaft in Holland gründen.

Warum ne ausländische Gesellschaft? Ist doch klar, je komplizierter die Dinge liegen, desto besser. Und welcher Staatsanwalt will sich für 45 Mark fürchterlich anstrengen? Und ist irgend jemand versprochen worden, daß er den Job kriegt? Wegen des nichtbenutzten Filmmaterials beim Fotografen und der nicht bezahlten Rechnungen kann's Ärger geben. Aber erst muß man unsere Scheinproduzenten finden und ihnen dann alles nachweisen. All das ist nicht empfehlenswert.

CHECKLISTE:

— Kann ich mir endlich abgewöhnen, alles sofort in den Papierkorb zu werfen?
— Wenn nur gemahnt wird: Gibt es eine Chance, Stundung oder Ratensenkung zu erreichen? Kann ich bei einer anderen Bank preiswert umschulden? Kann ich einen neuen Bürgen vorstellen? Persönlichen Kontakt zum Gläubiger herstellen: und um Milde bitten? Mahngebühren herunterhandeln?
Verbraucherzentrale um Hilfe bitten?
— Sollte ich vielleicht einen Anwalt aufsuchen, um zu prüfen, ob der Mahnbescheid Fehler hat?
— Muß ich mit gerichtlichen Maßnahmen von irgendeiner Seite rechnen, wenn ich für mehr als 2 Monate einerseits meine Schulden nicht zahle (bzw. nicht zahlen kann – aus welchen Gründen auch immer) und andererseits auch nicht zu erreichen bin (z. B. weil verreist)? Wenn ja, Postvollmacht und Anweisung an den Bevollmächtigten, ständig zu widersprechen.
— Kann ich mir angewöhnen, meinen Widerspruchsgeist zu beleben und alle Widerspruchs-/Einspruchsformulare zu unterschreiben und an die angegebene Adresse zu schicken?

Zahlen, verzögern oder widersprechen?

Vater Alois, aufgeschreckt durch Bernies Mitteilungen, hat neue Hoffnungen, als er drei Wochen später, **Anfang Mai,** den **Vollstreckungsbescheid** zum Mahnbescheid erhält, ebenfalls als Schriftstück niedergelegt. Die TZB ist da besonders schnell. Hat der Schuldner nicht auf den Mahnbescheid reagiert, schickt das Amtsgericht dem Gläubiger einen gelben Vordruck. Das ist ein Durchschlag des Mahnbescheides, wo unten ein Antrag auf den Vollstreckungsbescheid auszufüllen ist, verbunden mit der Frage, ob der Schuldner eventuell schon gezahlt hat und wieviel. Das heißt, der Gläubiger muß tätig werden. Darüber vergeht wieder Verwaltungszeit. Schließlich braucht das Amtsgericht auch Zeit, um den Vollstreckungsbescheid zur Post zu bringen. Das heißt im Klartext: Der gesamte Zeitraum von der Niederlegung des Mahnbescheides bis zur Niederlegung des Vollstreckungsbescheides kann bei überlasteten Gerichten und schlecht organisierten Gläubigerbüros zwei bis vier Monate betragen. Dann wird dem Schuldner noch einmal eine Vierzehntagesfrist eingeräumt, in der er Einspruch einlegen kann.

BERNIE RÄT:

Wer den Widerspruch verpaßt hat, sollte Einspruch nur einlegen, wenn er später vor Gericht auch wirklich Einwände geltend machen kann. Denn der Einspruch schiebt die Zwangsvollstreckung nicht auf, d. h., es kommt trotz alledem der Gerichtsvollzieher.

Der durch den Einspruch notwendig gewordene Prozeß muß dann klären, wieviel dem Schuldner zurückgegeben wird vom gepfändeten Gut. Vom Zeitgewinn her bringt der Einspruch nichts.

Allerdings gibt's im Vollstreckungsverfahren eine ganze Menge Rechtsmittel (»Erinnerungen«, »Beschwerden«, »Sofortige Beschwerden«). Da kann man das Gericht bitten, »die Zwangsvollstreckung einstweilen einzustellen«. Die meisten Gerichte machen das sofort ohne viel Federlesens, weil der Schuldnerschutz gut ausgebaut ist. Solche Anträge sollte man aber nicht selber stellen, man braucht immer einen Anwalt dafür, denn den richtigen Antrag zu erwischen, setzt Fachkenntnis voraus.

Wer kein Geld für einen Anwalt hat, sollte trotzdem zu einem gehen und fragen, ob er Aussicht auf **Prozeßkostenhilfe** hat. Wer keinen Anwalt kennt, sollte nicht im Telefonbuch blättern, sondern bei Freunden und Verwandten sich jemanden empfehlen lassen. Auch große Kanzleien machen kleine Fälle, wenn der Mandant empfohlen worden ist! Einzelheiten dazu: Heussen, »So gewinnt man Prozesse« (Heyne, München 1982)

Für Vater Alois ist am **30. Mai** der Weltuntergang, denn bis dahin soll er der TZB die im Vollstreckungsbescheid ausgeschriebene Summe von DM 3 500 bezahlt haben. Da geht er lieber gleich ins Altersheim. Großvater Josef besuchen. Dieser findet sich auch bereit, die fälligen 3 500 DM von seinem Sparbuch zu kratzen und als Darlehen zu geben, um Hempel das Sofa zu erhalten, das ihm dann endlich ganz gehören wird. (Siehe Kapitel »Sicherungsübereignung«.)

Alois wählt den Weg des geringsten Widerstandes: Er schuldet »in der Verwandtschaft« um und überweist den Betrag per Postanweisung.

BERNIE RÄT:

Nach der Zahlung sofort die Herausgabe des Titels verlangen.

Jede Art Zahlung durch Quittung belegen. Also nicht den Postabschnitt wegwerfen oder verschlampen.

Immerhin gab es für Vater Alois (er gehört noch zum alten Schlag) einen gewichtigen Grund zu zahlen: Weiterhin wird kurzgearbeitet und wenig verdient. Schlimmer noch: Nach der großartigen Wende sollte Leistung wieder etwas wert sein, und wer nur wenig arbeitet, leistet natürlich weniger, und deshalb kann man gleich die Belegschaft entlassen. So wird gemunkelt. Und da Alois bei der TZB eine Lohnabtretungserklärung unterschrieben hatte, um den Kredit zu bekommen, befürchtet er, daß ihn der Arbeitgeber sofort entläßt.

Er hätte nur Bernie fragen brauchen!

BERNIE RÄT:

Lohnpfändung und Schulden haben sind kein Kündigungsgrund.

Man muß damit rechnen, daß der Gläubiger sich schon zusammen mit der zweiten Mahnung an den Arbeitgeber wendet – wenn er dessen Adresse weiß. Die muß man aber erst in der Offenbarungsversicherung angeben, wenn sie nicht schon in den Kreditunterlagen steht.

Die Tage des Glücks sind gezählt bei Vater Alois. Er fühlt sich entlastet von einem Teil der drängenden Schulden. Wir erinnern uns, der andere Teil besteht aus dem schon **Ende April** zum zweiten Mal angemahnten Autokredit. Aber sein Haushaltsbudget hat sich noch nicht grundlegend geändert.

Werkmeister Alois geht die Schuldenlast schwer an die Nieren, weswegen er diese zunehmend mit Bier spülen muß. Eines Nachts war er dann veranlaßt, sein Auto, auf das er nicht verzichten konnte, gegen eine Laterne zu parken, die von der Stadtverwaltung sehr ungünstig aufgestellt worden war. Während das Fahrzeug Totalschaden erlitt, kam Alois mit dem Schrecken und den Schulden davon.

Er sitzt jetzt verdammt tief in der Tinte, mit der er seine Kreditverträge unterschrieben hatte. Als Alois nämlich weder die Raten für die Autobank zusammenbringen noch das Fahrzeug selbst zurückbringen oder verkaufen konnte, entwickelte er eine klare Logik: »Für etwas, das ich nicht mehr habe, will ich auch nichts mehr bezahlen. Selbst wenn ich könnte.« Jetzt endlich kommt der Widerstand. Und der führt schnell zum Widerspruch.

Mit solcher Ideologie gestärkt, wartete Alois jetzt eher neugierig und mit gewisser Vorfreude auf den Mahnbescheid der Autobank, der tatsächlich am **12. Mai** eintraf. Nach der nun klaren Strategie, entweder zahlen oder widersprechen, legte Alois am **25. Mai Widerspruch** ein.

Ohne Begründung. Entgegen der Aufforderung im Mahnbescheid reicht es, als einzigen Satz zu schreiben: »Ich lege Widerspruch ein.«

Obwohl Alois keine Begründungen hat, hat er natürlich gute Gründe, die für jeden gelten können:

— da kann man das Geld beschaffen. Vielleicht überlegt sich Alois alles noch einmal und will, wenn die Wirtschaft wieder ins Lot gekommen ist, doch noch seine Verbindlichkeiten zahlen.
— Der Zeitgewinn ist billig erkauft: Für die 3 000 DM, die die Autobank haben will, werden 277,48 DM Gerichts- und Anwaltskosten berechnet. Für nur 43 DM mehr (1/2 Gerichtskostengebühr), die der Widerspruch kostet (siehe Tabelle 1/2 von 86 DM) und ein paar Mark Zinsen können zwei bis drei Monate Zeit gewonnen werden. Einmal abgesehen davon, daß Alois ja zunächst gar nichts zahlt, und ob er überhaupt zahlt, steht in den Sternen der nächsten dreißig Jahre.
— Schließlich hat man für nur DM 48 (bei 3 000 DM Streitwert) den gegnerischen Anwalt und den Justizapparat zum Laufen gebracht. Für nichts und wieder nichts, denn: Der Gläubiger steht am Ende genauso da wie vorher, vielleicht sogar schlechter, wenn ihm das Gericht einige **Nebenforderungen** als **unerlaubt** aus seinen Gesamtforderungen **herausgestrichen** hat.

146 Es beträgt die volle **Gerichtsgebühr** bei Gegenständen im Wert

bis 300 DM	15 DM	bis 2 900 DM	81 DM
bis 400 DM	19 DM	**bis 3 200 DM**	**86 DM**
bis 500 DM	23 DM	bis 3 500 DM	91 DM
bis 600 DM	27 DM	bis 3 800 DM	96 DM
bis 700 DM	30 DM	bis 4 100 DM	101 DM
bis 800 DM	33 DM	bis 4 400 DM	106 DM
bis 900 DM	36 DM	bis 4 700 DM	111 DM
bis 1 000 DM	39 DM	bis 5 000 DM	116 DM
bis 1 100 DM	42 DM	bis 5 400 DM	122 DM
bis 1 200 DM	45 DM	bis 5 800 DM	128 DM
bis 1 300 DM	48 DM	bis 6 200 DM	134 DM
bis 1 400 DM	51 DM	bis 6 600 DM	140 DM
bis 1 500 DM	54 DM	bis 7 000 DM	146 DM
bis 1 600 DM	57 DM	bis 7 400 DM	152 DM
bis 1 700 DM	60 DM	bis 7 800 DM	157 DM
bis 1 800 DM	62 DM	bis 8 200 DM	162 DM
bis 1 900 DM	64 DM	bis 8 600 DM	167 DM
bis 2 000 DM	66 DM	bis 9 000 DM	172 DM
bis 2 300 DM	71 DM	bis 9 500 DM	177 DM
bis 2 600 DM	76 DM	bis 10 000 DM	182 DM

von dem Mehrbetrag bis 100 000 DM für je 1 000 DM 7 DM.

Manche Gläubiger, die von den Ungereimtheiten ihrer Forderungen wissen, verzichten dann ganz, zumal sie im Klagefall auch die Gerichtskosten tragen müssen: Das Gericht nämlich ist der unerbittlichste Gläubiger des Gläubigers: Wer den armen Schuldner verklagt und deshalb die Gerichte bemüht, muß als »Zweitschuldner« auf alle Fälle erst einmal die Gerichtskosten bezahlen, damit der Staat auf keinen Fall umsonst gearbeitet hat. Natürlich kann er diese Beträge später dem Schuldner auf die Rechnung schreiben. So erlebt man nicht selten, daß der Gläubiger bei hohen Forderungen, wo die Gerichtskosten ein paar tausend Mark ausmachen können, nur einen Teilbetrag geltend macht, wenn er ahnt, daß bei seinem Schuldner nicht viel zu holen ist. Es gibt einige Fälle, wo dann der Rest der Forderung alsbald verjährt (z. B. bei Handwerkerrechnungen nach zwei Jahren oder bei Lieferungen und Leistungen von Kaufleuten untereinander nach vier Jahren, sonst, wie wir wissen, bei Krediten leider erst nach dreißig Jahren).

Mit dem Wegwerfen, dem Nichtbeachten des Mahnbescheides **rechnen viele Gläubiger.** Sie erhalten dann den rechtlich abgesicherten Titel möglicherweise sogar auf Forderungen, die **tatsächlich unberechtigt** sind (zum Beispiel ungerechtfertigt hohe Mahngebühren, falsch berechnete Zinsen, nicht belegbare Auslagen).

Bei Widerspruch muß der Anspruch begründet werden. Wird der Gläubiger von einem Anwalt beraten (beim Landgericht Pflicht, bei Großgläubigern auch am Amtsgericht üblich), weiß dieser, wo das Gericht Einwände haben wird. So werden zum Beispiel Inkassogebühren, die im Mahnbescheid noch verlangt werden, fallengelassen, weil nur wenige Gerichte sie zubilligen. Es geschieht häufiger als vermutet wird, daß eine **geringere Summe eingeklagt** als **angemahnt** wird.

Einige Firmen haben auch Bagatellgrenzen, wenn es sich um 100-DM-Beträge handelt. Sie stellen zwar noch den Mahnbescheidantrag, aber bei Widerspruch wird ihnen die Sache zu aufwendig. (Das gilt etwa für viele Versicherungsunternehmen im Bereich niedriger Prämien [Hausrat, Privathaftpflicht].)

Gerichts- und Anwaltskosten berechnen sich **immer** nach der eingeklagten **Summe (Streitwert)** und **niemals** nach dem **Zeitaufwand** von Anwalt und Gericht.

Bei einem 500-DM-Prozeß ist der Anwalt ein armes Schwein, denn selbst, wenn er siebenmal zu Gericht muß und Zeugen angehört werden, bekommt er höchstens 196,65 DM. Da ist die Mehrwertsteuer schon drin. Der Gesetzgeber hat sich gedacht: Die Menge und die Mischung machen es! Wenn derselbe Prozeß nämlich um 500 000,– DM geht, bekommt der Anwalt bei gleichem Aufwand 13 075,80 DM. Dafür kann man schon einmal ein paar Stunden vor Gericht verbringen. Deshalb werden Leute mit vielen Schulden und Anwälten auch gerne netter behandelt als Leute mit wenig Schulden – jedenfalls so lange, bis sie die Anwaltsrechnung nicht bezahlen können.

Bei den Kosten besteht der Unterschied zwischen Mahnbescheid und Klage darin, daß beim **Mahnbescheid** nur eine **halbe Gerichtskostengebühr** anfällt, bei **Klage** können **bis zu zwei vollen Gebühren** vom Schuldner kassiert werden (wenn er zahlen kann). Das rechnet sich zum Beispiel so:

Streitwert DM 1 000,–

Mahnbescheid

1/2 Gerichtskostengebühr	DM 19,50
Anwaltskosten für Mahnbescheid und Vollstreckungsbescheid	DM 167,24
	DM 186,74

Klage

Gerichtkosten	DM 39,00
Anwaltskosten für Klage und Versäumnisurteil	DM 167,24
	DM 206,24

Ein paar andere Kostenbeispiele, bei denen wir einmal davon ausgehen, daß der Prozeß in einer Instanz bei Anhörung von Zeugen ganz durchgeführt werden muß (30/10 Gebühr):

Streitwert DM	Mahnbescheid Gerichtskosten DM	Prozeß Gerichtskosten DM	Anwaltskosten DM
5 000,—	58,—	232,—	951,90
10 000,—	91,—	364,—	1 717,98
25 000,—	143,50	1 148,—	2 052,—
85 000,—	353,50	1 414,—	5 107,20
150 000,—	556,—	2 224,—	6 133,20
300 000,—	1 006,—	4 024,—	9 382,20
600 000,—	1 906,—	7 624,—	14 307,—

Wer den Prozeß verliert, muß genau das Doppelte an Anwaltskosten bezahlen. Denn der gegnerische Anwalt erhält dasselbe Geld wie der eigene. Dazu können noch Kosten für Sachverständige und Zeugen kommen.

Erst wenn der Schuldner, wie jetzt Alois, Widerspruch einlegt, kommt es zur Klage. Ziel ist immer noch der begehrte Titel, der gerichtlich festgestellte Anspruch auf das Geld.

Einige Tage nach Eingang des Widerspruchs, sagen wir am **1. Juni,** wird ein Anwalt von der Autobank beauftragt, Klage zu erheben. Das muß er für dieselbe Anwaltsgebühr tun, für die er schon den Mahnbescheid ausgestellt hat. Das kostet ihn allerdings Arbeit. Auch das Kreditinstitut muß Unterlagen kopieren, zuschicken. Die Klageschrift umfaßt vielleicht drei bis fünf Seiten. Alles zusammen dauert etwa drei Wochen, vielleicht vier. **Ende Juni** also frühestens kann der Anwalt die Klagebegründung dem Gericht zustellen. Auch Alois wird sie erhalten, so um den **10. Juli** herum: Absender ist das Gericht, das auch schon den Termin für die mündliche Verhandlung festgelegt hat. Alois hat hier wieder vierzehn Tage »Einlassungsfrist«, in der er sich zu seinen Schulden äußern könnte oder einen Anwalt beauftragen. Das tut er nicht, da ihm ja auch keine Argumente einfallen, denn er will die Schulden ja auch nicht zahlen, zumindest jetzt nicht. Gewöhnlich liegt der Termin der mündlichen Verhandlung zwei Wochen bis drei Monate nach dieser Entlassungsfrist, je nach Überlastung der Gerichte. Da Alois Glück hat, liegen noch die Gerichtsferien (15. 7. bis 15. 9.) dazwischen. Sein Termin wird auf den **20. September** festgelegt.

Bei der Verhandlung, wo er nicht erscheint, wird ein **Versäumnisurteil** gefällt, zugunsten des Klägers. Der kann nun, genau wie vor zwei oder fünf Monaten schon, den Gerichtsvollzieher beauftragen. Ehe der aber Zeit hat, vergehen wieder ein bis sechs Wochen. Also passiert im schnellsten Fall **Ende Oktober, Anfang November** etwas: Der Gerichtsvollzieher klingelt.

So kann Alois zufrieden Urlaub nehmen, denn zwischen seinem Einspruch Ende Mai und dem Erscheinen des Gerichtsvollziehers liegen glatte drei Monate.

BERNIE RÄT:

Apropos Urlaub. Natürlich darf ein Schuldner Urlaub machen. Wie sonst sollte er seine Arbeitskraft erhalten, um die Schulden zurückzubezahlen? Er darf im Urlaub auch die ja immer kurzen Vierzehntagefristen versäumen, wenn er in dem dann zu stellenden **Wiedereinsetzungsantrag** glaubhaft machen kann, daß er nichts von dem er auf ihn zukommenden Mahnbescheid, Prozeßtermin etc. gewußt haben konnte. Das kann er nur glaubhaft machen, wenn er den Benachrichtigungsschein der Post nicht wegwirft, und zu einem Anwalt sollte er dann allemal gehen.

Dabei muß es sich um einen normalen Arbeitnehmer-Urlaub gehandelt haben, nicht um eine Globetrotter-Version, die von den Gerichten als länger dauernde Abwesenheit definiert wird.

Wer zum Beispiel nach Erhalt des Mahnbescheids wegfährt, weiß, daß er in Bälde einen Vollstreckungsbescheid oder bei Widerspruch einen Prozeßtermin zu gewärtigen hat. Dann also muß man sich um seine Post kümmern.

Übrigens zahlt Alois seinen Urlaub von dem Geld, das sich angesammelt hat, weil er ja nun schon seit Monaten keine Raten mehr entrichtet. Das ist aus der Sicht des Gläubigers zwar unschön, aber korrekt.

Daß es nach dem Urlaub dann immer noch Mittel und Wege gibt, den Gerichtsvollzieher mehrfach kommen zu lassen, die Offenbarungsversicherung hinauszuzögern und am Ende immer noch nicht zu zahlen – davon ist weiter unten die Rede (ab S. 114), wo es um die Pfändung geht . . .

. . . oder untertauchen?

Der neue Kredit

Hans Hempel hat am **15. April** seine erste Rate von 320 DM gezahlt und ebenso am **15. Mai**. Er hat sein Programmierwerk zur Verfolgung säumiger Schuldner für die Compu-Compost AG fertiggestellt, abgeliefert und eine Rechnung geschrieben, die noch nicht bezahlt worden ist. Dafür bekam er einen neuen Auftrag: Reorganisation der elektronischen Verwaltung der Compu-Compost-Rohgemüse-Lagerhäuser.

BERNIE HEMPEL PACKT AUS:

Also, wer Computer so richtig versteht, der kann sich ja in ein Großunternehmen reinhacken und lecker lockere Millionen auf sein eigenes Konto überweisen. Das ist möglich, unfein und strafbar, selbstverständlich.

Noch besser ist es wohl, selbst direkt aus der Quelle zu schöpfen, als diese erst anzapfen zu müssen. Und besonders schön ist es, mit einem befreundet zu sein, der an der Quelle sitzt.

Dieses Glück hatte der Kneipenkellner Manfred »Fred« Vohwinkel, eine rheinische Frohnatur, als er in Mallorca auf den eher pingelig wirkenden Günter Maximilian »Max« Schotte-Natscheff traf. Der war Chefdisponent der Großhandelskette »Metro« in Düsseldorf. Der oberste Finanzverwalter des bekannten Gemischtwarenlagers war gelernter Bankkaufmann mit Erfahrung in London und Paris sowie 4 000 DM Einkommen und einem gewissen Bekanntheitsgrad in den Lokalen der Altstadt: Dort trank er Cola oder Selters und machte den Kneipen die Buchführung, nebenher und schwarz.

Max und Fred mochten sich nun beide mehr leiden als irgendwelche Frauen, die auch in ihrer Umgebung gesehen wurden, und so zogen sie zusammen und lebten glücklich und gemeinsam, bis sie einen genialen Plan hatten, wie folgt:

Herr Schotte-Natscheff hatte als nadelgestreifter Finanzmanager des Großunternehmens mit der Westdeutschen Landesbank die Vereinbarung, Überweisungen auch per Telefon tätigen zu können, ein übliches und tägliches Verfahren.

Sicherung 1: ein täglich wechselnder sechsstelliger Code, den nur Herr Schotte-Natscheff und sein Vorgesetzter kannten.
Sicherung 2: Bestätigung der Überweisung mit Code-Nummer per Telex.
Sicherung 3: Brief mit Telex-Text an die WestLb, unterschrieben von Schotte-Natscheffs Chef.

Das war die Voraussetzung, jetzt kommen wir zur Ausführung.
Erster Schritt: Fred zieht aus der gemeinsamen Wohnung aus und eröffnet unter neuer Adresse bei der Stadtsparkasse Düsseldorf ein Konto. Nr.: 10 144 988. Mit der Bemerkung, er erwarte hohe Zahlungen, die er dann auch immer gleich abheben wolle.

Zweiter Schritt: Max überweist auf dieses Konto zwischen dem 8. September und dem 22. Dezember 1980 in kleinen Raten von 700 000 bis 2,4 Millionen Mark telephonisch Geld. Bei insgesamt 31 Transaktionen dieser Art war bei Sicherung 3 nur die Unterschrift des Chefs zu kopieren und zum 31. Dezember zu kündigen.

Dritter Schritt: Man mußte sich eine milieugerechte Legende zurechtlegen. Finanzmann Schotte-Natscheff wolle in den Vorstand einer Frankfurter Bank eintreten. Der fröhliche Vohwinkel verbreitete, er habe im Lotto gewonnen und wolle nach Rüsselsheim zu seiner herzkranken Mutter ziehen. Ebenso notwendig war der Ankauf zweier Pässe auf die Namen Theo Prielen und Karl Flamme (je 20 000 DM). Paraguay oder Bolivien wurden als Asylland anvisiert: Mit der BRD bestehen keine Auslieferungsabkommen.

Soweit, so wunderbar. Der Coup war so plaziert, daß das fehlende Geld erst bei der nächsten regulären Revision Mitte 1981 auffallen würde. Alles toll also. Naja, jetzt kommt das menschliche Versagen, die ewige Fehlerquelle:

Zuviel Vertrauen darin, daß alles gelaufen ist, wenn man das Geld erst einmal hat. Dabei fängt dann die (Weg-)Lauferei erst an. Aber hier zeigt sich die fatale Folge der Volksweisheit, Geld mache nicht glücklich, aber es beruhige. Bei 36,2 Millionen (in Ziffern: 36 200 000 DM) war die Beruhigung so stark und plötzlich, daß Max und Fred immer noch in Paris und Düsseldorf herumtaumelten, obwohl sie im Januar schon einmal in Rio gewesen waren.

Als bei einer außerplanmäßigen Überprüfung der »Metro«-Buchhaltung (man muß eben an alles denken, gerade nach Weihnachten) der Millionen-Gewinn unserer Freunde sichtbar wurde, weckte man die Polizei, wie das so Brauch ist.
Als Fred am Air-France-Schalter in Düsseldorf das Rio-Ticket für den endgültigen Abhub mit aus der Brieftasche quellenden Tausendern bezahlte (ist ja auch wirklich leichtsinnig, da nimmt man sich doch abgezähltes Geld mit), machte die Stewardeß die Polizei aktiv.
Als Fred ein paar Statuen unbekleideter Knaben (also Kunst) dann noch aus Maxens Wohnung holen wollte, war die Polizei schon da und der Traum aus.

Immerhin schaffte Max es 14 Tage länger. Er beschaffte sich einen neuen Paß: Wolfgang Hansen reiste dann über Rio nach Asunción, der Hauptstadt Paraguays, um seinerseits menschlichem Schwachsinn zu erliegen. Er fing mit dem großen Leben an. Obwohl er wußte, daß die Kiste, aus der er sich bedient hatte, aufgeflogen war. Champagnerschäumende Nächte in Nobelhotels und umfängliche Landkäufe machen in einer kleinen Hauptstadt schnell bekannt.

So hatten es die Metro-Privatfahnder in Kooperation mit der nun total wachen Polizei einfach, den bekannten Mann zu finden. Der war schnell zu überreden, daß ein deutscher Knast netter ist als ein paraguayischer, selbst wenn man dort nicht wegen politischer, sondern nur wegen Paßvergehen sitzt. In Deutschland mußte dann wegen Untreue verhandelt werden.

Das ist natürlich schade. Wie lange hätte der Mann mit 180 Kilo Banknoten aus acht Koffern unerkannt leben können, nicht wahr? Aber auch der Umgang mit viel Geld will gelernt sein.

Bei Hans Hempel ist inzwischen sogar ein weiterer Kunde in Sicht gekommen. Mit der Data-Schlau GmbH unterhält er sich über die Erstellung einer Datenbank für ungenutzte Patentideen, deren intelligente Verknüpfung zur Lösung genialer, aber bisher unbekannter Probleme beitragen soll.

Die Aussichten sind rosig, die Kasse leer, der **15. Juni** nah.

Wenn man seine Verbindlichkeiten nicht zahlen kann, steht man zunächst einmal dumm da und muß sich kundig machen. Obwohl Hans ja für die geleistete Arbeit 5 000 DM Forderungen hat und zwei Aufträge für insgesamt noch einmal 12 000 DM, würde er von Banken kein Geld bekommen – denn er hätte außer Bernie als Bürgen keine Sicherheiten anzubieten: Im deutschen Bankwesen ist ein Auftrag allein in der Regel nichts wert, außer, man macht es dem Herrn Zweigstellenleiter beim Abendessen klar. Persönlich. Eben.

Hans sieht trotzdem einen Weg, seine Schulden mit Schulden zu bezahlen. Denn nicht nur bei den Banken gibt es Geld, sondern es gibt auch den sogenannten Warenkredit. An diesen denkt unser Jungunternehmer, als er bei der Firma Druck-Optimal 20 Matrixdrucker im Wert von 10 000 DM bestellt.

Eine kleine Anzeige in den verschiedenen Computerzeitschriften, wo er die Drucker mit einem Gewinnaufschlag von 91% immer noch unterhalb der üblichen Marktpreise anbietet, tut ihre Wirkung.

Da er die Matrixdrucker nur gegen Nachnahme versendet, hat er auch sofort sein Geld, insgesamt 19 000 DM.

Er zahlt das Geld auf sein altes Konto ein. Und überweist die Juni-Rate pünktlich an die Bank.

BERNIE RÄT:
Wer Schulden hat, sollte sein Geld immer so schnell wie möglich eintreiben, damit er keine pfändbaren Forderungen hat.

Der Verzug

Hans zieht jetzt um und kommt (logo!) in Verzug. Ersteres betrifft Marlene, die ihn endlich liebt, denn: bei Geld hört die Freundschaft auf: Er hat die 11,40 DM immer noch nicht zurückgezahlt.

So wird also aus der nicht zustande gekommenen ernsthaften Beziehungskiste banktechnischer Natur eine muntere andere, wie wir sie alle kennen. Mieterin der Wohnung ist und bleibt Marlene Mayer, an der sich auch sonst nichts ändert, was Hans nur schlecht gefunden hätte.

Mit dieser Entscheidung hat Hans sich einer neumodischen Unternehmerweisheit genähert, die besagt, daß man am schnellsten seine Firma bankrott macht, indem man sich Computer anschafft, aber am schönsten, indem man eine Freundin hat. Den Bankrott soll man nicht ansteuern, wenn es denn aber doch sein soll, dann wenigstens schön.

Der Umzug kostet natürlich ein bißchen Moos, man will es ja weich und wohlig haben. Dieses Geld kann nun Hans Hempel von dem lukrativen Druckerverkauf nehmen.

Die Firma Druck-Optimal hat entsprechend den Allgemeinen Geschäftsbedingungen als Zahlungsziel zwei Wochen ab Lieferung eingeräumt, die Anfang Juni vorbei sind. Hans kommt also in den besagten Verzug, weil Compu-Compost AG immer noch nicht gelöhnt hat. Andererseits möchte Hans jetzt nicht auf seinen neugewonnenen Lebensstandard verzichten, nur weil ein Kunde nicht zahlt. Das tun die Herren von der Druckerfirma ja schließlich auch nicht. Oder?

Überhaupt wäre alles kein Problem, wenn alles so liefe, wie es sollte. Aber dann wäre es auch nur halb so spannend. Hans hat inzwischen verstanden, daß man nicht einfach so herumtölpeln darf und nachher hilflos mit den Schultern zucken, sondern daß man die großartige Herausforderung annehmen muß, die im freien Unternehmertum liegt. Daher folgt er dem Rat von Bruder Bernie:

BERNIE RÄT:

Man muß herausfinden, warum der Schuldner nicht zahlt. Wenn man noch weiter mit ihm zusammenarbeiten will, wie Hans, der gerade einen neuen Auftrag von Compu-Compost bekommen hat, ist die Sache nicht einfach. Wenn allerdings Hans' Geduld oder sein eigenes Geld am Ende ist, bleibt ihm nur der bekannte Weg:

Mahnbescheid beantragen. Nur das zwingt den Schuldner, Farbe zu bekennen. Entweder er rührt sich nicht, dann erhält man den Titel auf seinen Anspruch. (Und kann 30 Jahre hinter seinem Schuldner herlaufen, bis er zahlt.)

Oder er macht Einwände geltend.

Hans kann für diesen Fall auch Prozeßkostenhilfe beantragen. Denn daß jeder sein Recht bekommt, dafür muß der Rechtsstaat sorgen, das darf nicht am Kapitalmangel scheitern.

Meistens scheitert es am Papierkrieg. Denn für die Prozeßkostenhilfe muß das Gericht prüfen, ob der Antragsteller Chancen hat zu gewinnen. Dafür muß man eine Vermögensaufstellung machen und die Klage im Entwurf vorlegen. Ohne Anwalt geht das schlecht. Aber dann gibt's Hilfe umsonst oder auf Raten, bis man selbst wieder zu Geld kommt. (Falls man verloren hat. Wenn man den Prozeß gewinnt, zahlt ohnehin der Gegner. Das ist das Schöne an unserem Recht: Wer gewinnt, braucht nie zu zahlen.)

Dasselbe gilt auch, wenn man einen Mahnbescheid anfechten will. Also Vater Alois hätte Prozeßkostenhilfe beantragen können. Dafür muß man natürlich Gründe haben. Die sind bei Konsumentenkrediten allerdings verdammt rar.

Mein grundsätzlicher Rat (besonders für Selbständige):
Eine Vertragsrechtsschutzversicherung abschließen, wenn man eine bekommt: Für die Versicherer ist das nämlich ein schlechtes Risiko, weil es um so höher ist, je rechthaberischer der Kunde.

Eine solche Versicherung (deren Höhe hängt vom Einzelfall ab) hätte Hans für preiswerte 120 DM pro Monat abschließen sollen – allerdings schon drei Monate vor Eintritt der Schwierigkeiten, nämlich gleichzeitig mit Beginn der Kreditaufnahme, so daß er lustig drauflosprozessieren könnte, wenn Compu-Compost es denn nicht anders will. Aber Hans will erst die Lagerverwaltung von Compu-Compost reorganisieren und die Rechnung dafür schreiben. Dann will er sehen, ob und wie er bei Compu-Compost an sein Geld kommt.

Wir werden diesen Zweig der Geschichte nicht weiter verfolgen. Denn wie Hans sich als Gläubiger zu verhalten hat, das kann er in anderen Büchern lesen (Haegele, David: Über den Umgang mit Schuldnern, 10. Aufl. 1985, Stück: Pleite, was tun? 4. Aufl. 1984, Heussen: Zwangsvollstreckung für Anfänger, München 1986) – darin lernt man, was im Kopf des Gegners vor sich geht.

Statt dessen richtet er sich nun in Marlenes Wohnung ein Zimmer ein: Die Firma »Planlos International« residiert dort in einer Ecke auf dem Schreibtisch und brummt hardwaremäßig vor sich hin. Der Firmenchef guckt in die Röhre und läßt rechnen.

Ansonsten gibt er zusammen mit Marlene Geld aus, wie es sich für einen Mann seiner Klasse geziemt: Für edle Kleider und wertvolle Nahrungsmittel, eine schöne Frau hat er, und für ein neues Auto würden die Einnahmen aus dem Druckerverkauf zu plötzlich weg sein, deshalb reist er lieber mit dem Flugzeug und unterschreibt fröhlich Leasing-Verträge für Farbfernseher und Videogerät.

So ist Hans also erst einmal – unbekannt – verzogen. Sehr zum Ärger der Firma Druck-Optimal, deren Mahnschreiben mit einem entsprechenden Stempel versehen an sie zurückgeht.

BERNIE RÄT:

Unbekannt verziehen – das ist ein guter, aber ordnungswidriger Anfang, der nach drei Monaten verjährt ist, deshalb praktisch nicht verfolgt und schnell verziehen wird.

Man kann also nur für die letzten drei Monate (von den fünf Jahren, die man unangemeldet daherumlebt) bestraft werden. Das ist eine Ordnungswidrigkeit und kostet meistens 60 DM Bußgeld.

Nicht polizeilich gemeldet zu sein, muß einen natürlich nicht hindern, seine Schulden zu bezahlen, wenn man will und kann. In an-

Der Antrag wird gerichtet an das

Amtsgericht

Plz, Ort

① 8000 München 35

15 B 12737/85

Geschäftsnummer des Amtsgerichts
Bei Schreiben an das Gericht stets angeben

↓ Raum für Kostenmarken/Freistempler (falls nicht ausreichend, unteres Viertel der Rückseite benutzen) →

② Antragsgegner/ges. Vertreter

Herrn
Hans Hempel ing.grad.
Münchener Freiheit 17

8000 München 40

Plz Ort

Mahnbescheid

08.07.85 ← Datum des Mahnbescheids

③ **Antragsteller,** ges. Vertreter, Prozeßbevollmächtigte(r); Bankverbindung

Druck-Optimal Gmbh ges.vertr. d. Geschfr. Dieter Dohf
Sonnenstr.3, 8000 München 2

vertreten d. Rechtsanwalt Prof.Dr.Bolko Bloeht
In den Sternen 12, 8000 München 89

④ **macht gegen -Sie-** ☐ als Gesamtschuldner

⑤ **folgenden Anspruch geltend** (genaue Bezeichnung, insbes. mit Zeitangabe): Geschäftszeichen des Antragstellers: 607/85

Anspruch auf Kaufpreiszahlung für Lieferung von Matrixdruckern lt. Rechnung vom 07.06.85 Lieferschein vom 06.06.85

⑥	Hauptforderung DM 10.000,-	Zinsen 4% aus 10.000 DM seit 08.07.85				
⑦	Vorgerichtliche Kosten DM 20,-	☐ seit dem Tage der Zustellung dieses Bescheides				
⑧	Kosten dieses Verfahrens (Summe 1 bis 5) DM 699,06	1 Gerichtskosten 96,- DM	2 Auslagen d. Antragst. - DM	3 Gebühr d. Prozeßbev. 499,- DM	4 Auslagen d. Prozeßbev. 40,- DM	5 MWSt. d. Prozeßbev. 74,06 DM
⑨	Gesamtbetrag DM 10.719,06	zuzügl. der Zinsen	Der Anspruch ist nach Erklärung des Antragstellers von einer Gegenleistung ☐ nicht abhängig. ☒ abhängig; diese ist aber bereits erbracht.			

Das Gericht hat nicht geprüft, ob dem Antragsteller der Anspruch zusteht. Es fordert Sie hiermit auf, innerhalb von zwei Wochen seit der Zustellung dieses Bescheids entweder die vorstehend bezeichneten Beträge, soweit Sie den geltend gemachten Anspruch als begründet ansehen, zu begleichen oder dem (oben bezeichneten) **Gericht auf einem Vordruck der beigefügten Art** (s. Hinweis dazu auf der Rückseite) **mitzuteilen, ob und in welchem Umfang Sie dem Anspruch widersprechen.**

Werden die geforderten Beträge nicht beglichen und wird auch nicht Widerspruch erhoben, kann der Antragsteller nach Ablauf der Frist einen Vollstreckungsbescheid erwirken, aus dem er die Zwangsvollstreckung betreiben kann. Ein streitiges Verfahren in Ihrem allgemeinen Gerichtsstand wäre nach Angabe des Antragstellers durchzuführen vor dem

⑩ ☐ Amtsgericht ☒ Landgericht ☐ Landgericht -Kammer für Handelssachen- in Plz, Ort München 35 (München I)

An dieses Gericht, dem eine Prüfung seiner Zuständigkeit vorbehalten bleibt, wird die Sache im Falle Ihres Widerspruchs abgegeben.

Rechtspfleger

Antrag

Ort, Datum: München, den 06.07.85

Anschrift des Antragstellers/Vertreters/Prozeßbevollmächtigten

⑪
Herrn
Rechtsanwalt
Prof.Dr. Bolko Boeht

In den Sternen 12
8000 München 89

Eingangsstempel des Gerichts

Es wird beantragt, aufgrund der vorstehenden Angaben einen Mahnbescheid zu erlassen.

⑫ ☒ Im Falle des Widerspruchs wird die Durchführung des streitigen Verfahrens vor dem vorstehend bezeichneten Gericht beantragt.

⑬ ☒ Ordnungsgemäße Bevollmächtigung wird versichert.

⑭ ☐ Hier die Zahl der ausgefüllten Vordrucke angeben, falls sich der Antrag gegen mehrere Antragsgegner richtet.

(Prof.Dr.B.Bloeht)

Unterschrift des Antragstellers/Vertreters/Prozeßbevollmächtigten

Blatt 1: Antrag und Urschrift

Amtsgericht

Plz, Ort 8000 München 35

15 B 12737/85

Geschäftsnummer des Amtsgerichts
Bei Schreiben an das Gericht stets angeben

Antragsgegner/ges. Vertreter

Herrn
Hans Hempel ing.grad.
Münchener Freiheit 17
8000 München 40

Plz Ort

28.07.85 ← Datum des Vollstreckungsbescheids

Zustellungsnachricht an den Antragsteller.

In Ihrer Mahnsache ist dem Antragsgegner der Mahnbescheid an dem aus dem folgenden Vordruckteil ersichtlichen Tag zugestellt worden.

Prüfen Sie, nachdem die mit dem darauffolgenden Tag beginnende Zwei-Wochen-Frist abgelaufen ist, ob der Antragsgegner die Schuld beglichen hat.

Sollte das nicht der Fall sein und sollte auch nicht Widerspruch eingelegt sein, können Sie den Erlaß des Vollstreckungsbescheids beantragen.

Verwenden Sie dazu bitte nur diesen Vordruck und beachten Sie die Hinweise auf der Rückseite.

Die Geschäftsstelle des Amtsgerichts

Vollstreckungsbescheid zum Mahnbescheid vom 08.07.85 zugestellt am 09.07.85

Antragsteller, ges. Vertreter, Prozeßbevollmächtigte(r); Bankverbindung

Druck-Optimal GmbH ges.Vertr.d.Geschfr.Dieter Dohf
Sonnenstraße 3, 8000 München 2

vertreten d. Rechtsanwalt Prof.Dr.Bolko Bloeht
In den Sternen 12, 8000 München 89

macht gegen -Sie- ☐ als Gesamtschuldner

folgenden Anspruch geltend: Geschäftszeichen des Antragstellers: 607/85

Anspruch auf Kaufpreiszahlung für Lieferung von Matrixdruckern lt. Rechng. vom o7.06.85
Lieferschein v. 06.06.85

Hauptforderung DM	10.000,-	Zinsen 4% aus 10.000 DM seit dem 08.07.85			
Vorgerichtliche Kosten DM	20,-	☐ seit dem Tage der Zustellung dieses Bescheides			
Bisherige Kosten des Verfahrens (Summe 1 bis 5) DM	699,06	1 Gerichtskosten 96,- DM	2 Auslagen d. Antragst. - DM	3 Gebühr d. Prozeßbev. 489,- DM	4 Auslagen d. Prozeßbev. 40,- DM / 5 MWSt. d. Prozeßbev. 74,06 DM
Gesamtbetrag DM	10.719,06	zuzügl. der Zinsen	Der Anspruch ist nach Erklärung des Antragstellers von einer Gegenleistung ☐ nicht abhängig. ☒ abhängig; diese ist aber bereits erbracht.		

Auf der Grundlage des Mahnbescheids ergeht Vollstreckungsbescheid

② ☒ wegen vorstehender Beträge | wegen ③

abzüglich gezahlter ④

Hinzu kommen folgende weitere Kostenbeträge ⑥				insgesamt (Summe von 1 bis 4)	Die Kosten des Verfahrens sind ab Erlaß dieses Bescheids mit 4% zu verzinsen.	Dieser Bescheid wurde dem Antragsgegner zugestellt am:
1 Gerichtskost. Auslag. 5,- DM	2 Gebühr d. Prozeßbev. 244,50 DM	3 Auslagen d. Prozeßbev. - DM	4 MWSt. d. Prozeßbev. 34,23 DM	283,73 DM	☒	

Rechtspfleger

☐ Antragst. ☐ ges.Vertr. ☐ Prozeßbev. wurde VB-Ausf. erteilt am:

Antrag①

Ort, Datum München, den 26.o7.85

Herrn
Rechtsanwalt
Prof.Dr. Bolko Bloeht
In den Sternen 12

8000 München 89

Eingangsstempel des Gerichts

Es wird beantragt, aufgrund der vorstehenden Angaben Vollstreckungsbescheid zu erlassen.

Der Antragsgegner hat geleistet

⑥ ☒ keine Zahlungen. ☐ nur die oben angegebenen Zahlungen.

⑦ ☒ Die Auslagen für die Zustellung von Amts wegen habe ich vorausentrichtet.

⑧ ☐ Ich beantrage, mir den Bescheid in Ausfertigung zur Zustellung im Parteibetrieb zu übergeben.

(Prof.Dr. B.Bloeht)

Unterschrift des Antragstellers/Vertreters/Prozeßbevollmächtigten

Blatt 3: Zustellungsnachricht, Antrag und Urschrift

deren Ländern Europas ist die Anmelderei übrigens schon lange veraltet oder ausreichend unzuverlässig. Da ist ein Vorteil, wenn Zahlungsunfähigkeit mit Urlaub längerer Dauer kombiniert werden soll – ohne sich natürlich strafbar zu machen. Das wollen wir immer soweit wie möglich vermeiden oder zumindest Nutzen und Spaß am Risiko gegeneinander abwägen. Das macht jeder Unternehmer.

Was die Post angeht, so rate ich natürlich, auf den Nachsendeantrag zu verzichten, das Telefon auf einen anderen Namen anzumelden oder angemeldet zu lassen.

Es hat auch nichts Subversives, bei der Post ein Unbekannter zu bleiben: Manche Leute wohnen jahrelang »Im Postfach«.

Es gibt ja Länder, wo es sinnlos ist, im Telefonbuch nachzuschlagen. Eine Auskunft existiert sowieso nicht, da alle Leute in ihren Wohnungen Telefone stehen haben, die auf den Namen des Erstanschließers lauten, der, weil gestorben, schon lange kein Telefon mehr braucht. Oder wo es Gewohnheit ist, ein Schließfach bei der Post zu haben, denn dem Postboten zu trauen, da könnte man auch Lotterie spielen. Da irgend etwas zu ändern, wäre am Ende zu teuer und zu deutsch gewesen.

Also, lernt von der Dritten Welt: Wer eure Telefonnummer haben soll, dem könnt ihr sie geben. Wer euch dringend schreiben muß, in einer Zeit, wo ja doch nichts mehr gelesen wird (deshalb der Ruf der Post: Schreib mal wieder!), dem nennt ihr das Postfach. Und das läuft unter dem Namen: Planlos International.

Die Suche

Von den Schwierigkeiten, die Druck-Optimal mit ihm hat, weiß Hans nichts, denn die **erste Mahnung Mitte Juni** erreicht ihn ja nicht. Und ihn ausfindig zu machen, ist auch nicht einfach. Schon mancher Gläubiger, der seinen Schuldner wegen Verstoß gegen das Meldegesetz angezeigt hat, erhielt von der Polizei die lapidare Antwort: »Der von Ihnen angezeigte Verstoß kann nicht verfolgt werden, weil der Schuldner unbekannt verzogen ist.« Eben drum.

Druck-Optimal hat zwar den Geschäftsbrief von Planlos International mit der alten Adresse, aber leider auch ohne die Kontonummer, die einen Hinweis hätte geben können und sogar für die spätere Pfändung wichtig wäre. Aber Hans Hempel hat ihnen diesen Gefallen nicht getan.

BERNIE RÄT:

Auf Briefbögen müssen keine Bankverbindungen stehen! Auch Adressen sind nicht notwendig. Postfach genügt!

Da nur, wenn der Schuldner einen Wohnsitz hat, der der Post bekannt ist, ein Mahnbescheid zugestellt werden kann, bleibt Druck-Optimal zunächst nichts anderes übrig, als sich auf die Suche zu machen.

BERNIE HEMPEL PACKT AUS:

Überhaupt, sich suchen lassen. Das ist eine der schönsten Varianten des Geldmachens. Auf jeden Fall ist man gefragt, der eigene Name ist vielleicht sogar in jeder Fahndungsliste gedruckt. Weltweit, nicht wahr, wenn Interpol will. Das ist ja auch ein sehr schönes Gefühl. Vor allem, wenn Flucht und ferner Aufenthalt finanziell gesichert sind. Und im Grunde sind das doch alles ehrenwerte Männer, von denen wir lernen können. Verdient um den wirtschaftlichen Aufstieg haben sie sich jedenfalls eine ganze Menge. Und das wollen sie – ohne steuerlichen Zugriff und natürlich ohne Polizeigriff – in aller Zufriedenheit verzehren. Genau besehen, ist der Wohnsitz in Monaco, Liechtenstein oder auf den Bahamas ja schon ein erster Schritt in die richtige Richtung.

Der Möbelfabrikant Wilhelm Stammschroer aus Bad Lippspringe (50 Millionen Jahresumsatz) hat den Sprung jetzt wohl geschafft. Er hatte mittels fingierter Rechnungen (ich sage ja: Papier, Papier!!) dem Finanzamt, lache und schreibe, sechs Millionen Mark entsteißt. Als die Sache heiß wurde, verzog er sich nach Irland. Irre. Denn zwischen Irland und der Bundesrepublik besteht kein Auslieferungsvertrag.

Bruder Richard, dem die andere Hälfte der Fabrik gehört, wurden zu Hause justizseitig 3 Jahre Gefängnis aufgebrummt. Die 6 Millionen sind auch schon zurückgezahlt. Indessen residiert Wilhelm in Brownstone-House bei Dublin nach Gutsherren Art:
1 500 computergesteuerte Milchkühe geben auf dem 1,8-Millionen-Mark-Anwesen die Milch der guten Deckungsart. Der Möbelmann ist sanft und freundlich, die Geschäfte von damals vergessen, denn nach der doppelten Verjährungszeit spätestens (hier 10 Jahre) müssen auch bei schwerem Betrug die Akten geschlossen werden. Bei eindeutig vorsätzlicher Steuerhinterziehung dauert es allerdings 20 Jahre. Aber in jedem Fall: Verjährt ist verjährt.

Da kann man verstehen, daß Staatsanwälte sich die Robe schwarz ärgern. Der Lübecker Horst Murrmann hat es auch geschafft, über die Verjährungsgrenze zu kommen, allerdings erst beim dritten Versuch.

Mit vier Dutzend Abschreibungsgesellschaften – eine Menge Papierkram, wie man sich vorstellen kann – und unter Zuhilfenahme von Untreue, Betrug, Steuerhinterziehung und Subventionsschwindel hatte er 50 Millionen DM erwirtschaftet. Mit 39 Jahren. Als er dann eingebuchtet wurde, sagte sich Murrmann sehr richtig: Das ist ja zum Verrücktwerden, und ließ sich ein entsprechendes psychiatrisches Gutachten machen. 56 Firmen steuern, die es eigentlich nicht gibt, kann einen ja vielleicht auch irre machen. Jedenfalls floh er aus der Medizinischen Akademie Lübeck, wo seine Seele geprüft werden sollte, mit Hilfe von St.-Pauli-Helfershelfern – und wurde in Frankreich wieder geschnappt und ausgeliefert. (Warum ist er nicht gleich nach Irland?) Nach einem halben Jahr U-Haft erhielt er Haftverschonung und konnte endlich in Frieden verschwinden. Drei Jahre Recherchenarbeit von zwei beklagenswerten Kriminalbeamten, die, wie wir wissen, immer ihre Pflicht tun, und 1344 Seiten Anklageschrift des schwarzgeärgerten Staatsanwaltes: umsonst.

Murrmann wurde zwar interpolmäßig gesucht, in Europa und USA, aber seine Spur verlor sich in Südamerika. Naja, das ist jetzt auch schon wieder zehn Jahre her.

Forsche Rechtsabteilungen wenden denn auch oft intensive Mittel an. Lasche Rechtsabteilungen lassen das. Druck-Optimal, eine junge, dynamische Firma, schöpft alle Mittel aus:

Es gibt überhaupt nur drei Institutionen, die Adressen mitteilen müssen. Das Einwohnermeldeamt, die Post und das Gewerbeaufsichtsamt. Deshalb versucht es die Firma erst mit einer »Einwohnermeldeamtsanfrage (EMA)«.

Die führt zu der bekannten Adresse, wenn Hans sich nicht abgemeldet hat. Also eine Sackgasse. Besonders dunkel wird es, wenn Hans sich abgemeldet hat, aber in irgendeinem der über 3000 Meldeämter der Bundesrepublik ordnungsgemäß angemeldet wäre. Denn für jedes Einwohnermeldeamt muß die Bank eine Einwohnermeldeamtsanfrage stellen. Das wird sie also nicht flächendeckend machen, sondern nur, wenn sie ahnt, wo der Schuldner wohnt.

Bei der Postanfrage hat Druck-Optimal etwas mehr Glück. Es stellt sich heraus, daß ein Hans Hempel zusammen mit einer Firma namens Planlos International ein Postfach besitzt. Immerhin. Hat er ein Postfach, schreib an sein Postfach: bloß keine Mahnbescheide oder Klagen, denn ein Postfach ist — wie in der Zivilprozeßordnung (ZPO) steht — kein Wohnsitz (§ 182). Hier beweist die Justiz Logik, denn jeder weiß, wie groß so ein Postfach ist.

Also immer noch nichts außer: Planlos International. Eine Firma und eine Nummer. Aber immerhin: Wenn jemand ein Postfach hat, dann ist er nicht unbekannt verzogen. Andererseits – bei sehr hartnäckigen Gläubigern, denen der Spaß die Sache wert ist, ließe sich hier ein Detektiv aufbauen, denn so planlos kann Hempel nicht sein, daß er nicht mal seine Post abholt und dann nicht zu einer Adresse fährt: zu seiner nämlich.

Vorher kann aber noch die Telefonauskunft befragt werden. Welche Firma hat kein Telefon? Fehlanzeige, da Hans das Telefon der Marlene Mayer benutzt.

Jetzt gibt es die Möglichkeit, eine Auskunft aus dem Gewerberegister und dem Handelsregister zu erbitten. Hier kann der Gläubiger nur fündig werden, wenn Hans Hempel tatsächlich Geschäftsführer der Plan International ist. Ist er Gesellschafter einer GmbH, steht sein Name in den Beiakten, die mit einer einfachen Anfrage nicht einzusehen sind. Hätte er sein Gewerbe gar nicht angemeldet (das sollte man vermeiden) oder ist er als Selbständiger tätig, würde er nicht einmal im Gewerberegister aufzutreiben sein. Außerdem könnte die Gewerbeadresse z. B. die von Bernhard Hempel sein. Es war in diesem Fall immer noch die alte Adresse. Also Fehlanzeige.

Im Telefonbuch stehen auch schon einmal die Verwandten des Schuldners (oder diese haben bei derselben Bank ein Konto). Oder ein Beauftragter von Druck-Optimal (im Zweifelsfall ein Detektiv) geht einmal bei der alten Adresse nachschauen und nachfragen.

BERNIE RÄT:

Niemand muß auf eine Frage nach dem Verbleib des Schuldners antworten, geschweige denn die Wahrheit sagen.

Also, da kann man mal zusammenhalten, sogar als Familie, und sich nicht das Maul zerreißen. Dann beißt der Gläubiger auf Granit.

Der absolut sichere Weg ist der des **Datenschutzes.**

Frauen hatten es da früher einfacher als Männer, heute gilt es für beide: Sie machen Schulden: bei Banken, Versandhäusern, bei Kreditvermittlern und Kaufhäusern (die goldene Kundenkarte!). Und heiraten dann einfach. Und ziehen vielleicht auch noch mit ihrem geliebten Wesen in eine andere Stadt. Wie wir inzwischen wissen, dürfen weder die Kredite noch die Einkäufe in der Absicht getätigt werden, nicht zu bezahlen, sondern natürlich nur in der Absicht, das Hochzeitsfest besonders schön werden zu lassen, und selbstverständlich wohl wissend, daß das künftige Ehegespons ein Großverdiener wäre. Nun, da kann man sich irren, das ist fahrlässig. Aber den Namen hat die beliebte Kundin natürlich trotzdem gewechselt, und als frischgebackene Schuldnerin mit neuem Namen darf sie entscheiden, wann die Gläubiger befriedigt werden. Diese allerdings erfahren nur über das Standesamt von der Ehe. Und auf die Idee muß man erst mal kommen. Wenn dann der Gerichtsvollzieher klingelt, stellt sich heraus, daß nichts zu holen ist: Die fröhliche Ehefrau hat selbstverständlich kein eigenes Einkommen und ihren vorherigen Besitz (Gütertrennung!) ihrem Mann überschrieben.

Noch spannender ist die Lage bei Männern, die ja seit 1976 bei Heirat auch den Namen wechseln dürfen (was aber nur in 1–2% aller Eheschließungen vorkommt). Das scheint eine echte Chance zu sein, die von knapp 4000 Männern jährlich genutzt wird, nämlich ihre alte Identität zu wechseln und damit vielleicht auch häßliche Schulden zu vergessen. Auch sich adoptieren zu lassen, ist denkbar. Allerdings ist es wohl nicht so einfach, Adoptiveltern zu finden, wie jemanden zum Heiraten. Und beim Heiraten gäbe es noch zusätzlich ein Ehestandsdarlehen, dessen Rückzahlungsmodalitäten niemanden aufregen müssen. Aber soweit sind Hans Hempel und Marlene Mayer noch nicht.

BERNIE RÄT:

Der pfiffige Schuldner muß sicherstellen, daß seine Adresse vom Gläubiger erst gefunden wird, wenn er sie ihm selber geben will.

Das führt natürlich zu Problemen, die man voraussehen sollte, damit die richtigen Entscheidungen getroffen werden können.

Wenn Druck-Optimal Hans Hempel nämlich nicht findet, um ihm den Mahnbescheid aushändigen zu lassen, wird die Firma darüber heftig Klage führen wollen und diese öffentlich zustellen müssen. Der Verwaltungsaufwand, der eben geschildert wurde, ist nicht unerheblich. Der Gläubiger braucht, selbst wenn er schnell ist, mindestens zwei bis vier Monate für seine Nachforschungen, ehe er sich zur Klageerhebung entschließt.

Dazu muß Druck-Optimal einen Anwalt beauftragen, der die Klage formuliert, denn **einen Mahnbescheid kann man nicht öffentlich zustellen.**

Die **öffentliche Zustellung** findet am Schwarzen Brett des Landgerichts statt: Dort hängen sechs Wochen wie am Pranger die paar Schreibmaschinenseiten der Klage: Jeder kann ausführlich lesen, wieviel Hans Hempel warum der Firma Druck-Optimal schuldet. Natürlich liest das kein Schwein. Nur gelangweilte Justizangestellte oder aufgeregte Schuldner, die auf den Offenbarungseid warten. Aber es ist öffentlich und gilt soviel, als ob der Briefträger Hans die Klage auf den Tisch gelegt hätte, es ist nur wesentlich teurer: mindestens 700 DM. Weswegen viele Gläubiger diesen Schritt auch scheuen, denn sie wissen ja nie, ob sie nicht der Sau noch die Speckseite nachgeworfen haben.

Wenn niemand reagiert (wie üblich), wird die Gerichtsverhandlung anberaumt, in der es das schon erwähnte **Versäumnisurteil** gibt: die Bestätigung, daß die Forderung von Druck-Optimal zu Recht besteht. Mit dem so erworbenen Titel kann die Firma aber wenig anfangen, denn sie weiß ja immer noch nicht, wo Hans Hempel wohnt. Wenn so ein Titel einmal ein paar Jahre in den Akten des Anwalts vergammelt ist, wird schließlich überhaupt nichts mehr draus. Strafbar ist das alles nicht, da der brave Hans bei Erteilung des Drucker-Auftrags ja gutgläubig davon ausgehen konnte, die Rechnung bezahlen zu können: Hatte er doch ausreichend Aufträge im Haus.

Andererseits darf Hans sich fragen, ob es sinnvoll ist, den Gläubiger in die öffentliche Zustellung zu treiben, solange unklar ist, ob er nicht doch irgendwann einmal zahlen wird. Abhauen kann man immer noch.

Vielleicht wäre es schlauer gewesen, seine Adresse bekanntzugeben und dann, wie Vater Alois, Klageerhebung und Versäumnisurteil sehenden Auges abzuwarten, Gerichtsvollzieher und Offenbarungsversicherung mit offenen Armen und leeren Händen entgegenzugehen und in den nachfolgenden drei Jahren der Ruhe zu frönen. Das wäre der sichere Weg, während so das Damokles-Schwert über Hans schwebt, durch Zufall doch noch erkannt zu werden. Vielleicht über den Briefkopf der Planlos International oder über die Beiakten zum Handelsregister. Oder über ein unschuldiges Telefongespräch mit Mutter Agnes. Oder über das Büro eines Auftraggebers, wo gerade eine hilfsbereite Sekretärin gerne weiterhilft. Aber das wäre auch erst im **September** oder **Oktober.**

CHECKLISTE:

— Ist der Ruf wirklich ruiniert?
— Gibt es keine Möglichkeit, ihn aufzupolieren? Etwa verständnisvolle Briefe schreiben; Zahlungen in Aussicht stellen; mit dem Bankdirektor zu Abend essen, eine weitere Firma gründen etc.
— Gibt es eine liebe Freundin, die mir Obdach (oder so) gewährt? Wäre heiraten (Namenswechsel?) die Lösung?
— Spricht etwas dafür, vor der drohenden Klage zu flüchten (wenn noch genügend Bares da ist, um nach Irland zu gehen)?
— Spricht etwas dafür, im Lande zu bleiben und umzuziehen?
— Wenn ja, dann: Künstlernamen schon an die Tür genagelt? Postfach angemietet? Telefon auf fremden Namen angemeldet? Nur bei der Steuer darf alles stimmen, denn das Finanzamt ist maulfaul: Steuergeheimnis!

Der Gerichtsvollzieher kommt – und geht auch wieder

Hat der Gläubiger den Titel über das Mahnverfahren oder die Klage erworben, dann muß er als nächstes den Gerichtsvollzieher beauftragen, die Pfändung vorzunehmen. Dies ist gewöhnlich zuerst die **Sachpfändung:** der auf verwertbare Gegenstände des Schuldners geklebte »Kuckuck«. Auch Forderungen können zu diesem Zeitpunkt schon gepfändet werden (Lohnansprüche, Steuerrückzahlungen, Forderungen des Schuldners an Dritte), aber von solchen pfändbaren Ansprüchen erfährt der Gläubiger meistens erst im Laufe der Zeit, manchmal schon durch den Besuch des Gerichtsvollziehers. Da der Kuckuckkleber nur aus Gründen der Arbeitsüberlastung einige Wochen braucht, bis er nach Beauftragung durch den Gläubiger beim Schuldner klingelt, muß man sich möglichst rechtzeitig auf seinen Besuch vorbereiten. Dabei ist nicht daran zu denken, »daß man immer etwas zu Hause hat«, wie bei einem normalen Besuch, sondern eher an das Gegenteil.

Aber Achtung: Über allen Sicherungsvorkehrungen, die im folgenden beschrieben werden, hängt das Damokles-Schwert des § 288 Strafgesetzbuch (StGB): Vollstreckungsvereitelung. Man darf nach der ersten Mahnung Gegenstände seines Vermögens **weder beiseite schaffen** noch unter Wert veräußern. Der Vermögensbestand darf also nicht willkürlich und zum Zwecke der Rettung vor dem Gläubiger vermindert werden, wenn man weiß, daß man Schulden zu bezahlen hat – und nicht kann. Nur wer schon weise vorausschauend in guten Zeiten mit dem Schlimmsten rechnet, wird wegen dieser Voraussicht vom Gesetz verschont. **Der Zeitpunkt, zu dem der Schuldner sein Vermögen sichert, ist also wichtig.**

In guten Zeiten Werte sichern

Durch Geldausgeben

Hans schreibt sein Programm für Data-Schlau zu Ende, die auch prompt zahlen, weil er so viele geniale Probleme entdeckt hatte, wie die sich nicht vorstellen konnten. Aber mit den 7 000 DM will Hans natürlich nicht seine Schulden bezahlen, sondern ins Land der Tausend Chips reisen. So fliegt er mit Marlene, seiner »Sekretärin«, in die USA nach Silicon Valley. Zur Geschäftsanbahnung. Leider kostet das an Reisespesen so um die 7 000 DM. Da kann man nichts machen. Reisen, die dem heiligen Zweck der Geschäftsanbahnung dienen, sind nun einmal nicht umsonst – wohl aber manchmal vergeblich. Das ist schwer zu überprüfen.

BERNIE HEMPEL PACKT AUS:

Geldausgeben ist unerläßlicher Bestandteil des Geldmachens. Denn, wie der schlaue Volksmund sagt, der Teufel scheißt immer auf den größten Haufen. Nur wo es nach Geld riecht, kommt was dazu. Nicht wahr, keiner unserer Kollegen kommt mit dem Fahrrad. Niemand, der einen wirklich großen Coup startet, kann auf ein getäfeltes Büro verzichten, seinen Mercedes, Speisen in den feinsten Restaurants, auch schöne Frauen, teure Reisen und ein Diamant unterm Weihnachtsbaum gehören zum Stil. Das Outfit muß stimmen. Wer Geschäfte machen will, der muß erst einmal Eindruck machen. So weit, so klar.

Am besten ist, man macht Eindruck mit dem, was man nicht hat. So wie Ihre Hoheit Prinzessin Sheika Fatima Khalifa bin Abdelazzis al Khalifa aus Barein (bürgerlich: Helga Martha Kronenberg aus Stuttgart). Mit diesem Namen ist auch schon der Höhepunkt einer Karriere gekennzeichnet, die immer den rechten Schein zu wahren wußte:

In den fünfziger Jahren war Helga mit ihrem damaligen deutsch-amerikanischen Ehemann Helmut Vernon Kronenberg aus dem verheißenen Land zurück in ihre Heimatstadt Stuttgart gekommen. Die beiden hatten aus ihrer in den USA erfolglosen und ärmlichen Windel- und Waschmittelvertretererfahrung den richtigen Schluß gezogen: Sie traten als reiches Industriellen-Ehepaar aus den Staaten auf, mit Beziehungen zum Kennedy-Clan und im Besitz von Vertriebslizenzen für so zukunftsträchtige Dinge wie Bananenstecker, heizbare Schuhsohlen und auswechselbare Absätze für Damenschuhe. Die schwäbischen Kaufleute kauften wertlose Lizenzen aus dem gelobten Land, denn es trafen weder Bananenstecker noch Schuhsohlen zu lukrativem Weiterverkauf ein.

Der Lebensstil der Kronenbergs produzierte in ausreichendem Maß glaubwürdige Schulden, die mit der Gründung und Kreditbeschaffung immer neuer Scheinfirmen getilgt wurden. Ob da mal eine marode Bank in Berlin gekauft oder die Aktien für eine Firma selbst gedruckt wurden, das perfekte Auftreten war die Bedingung fürs Geschäft – mit Standort Liechtenstein oder Panama. So entstanden an die 30 verschuldete, umgeschuldete, neuverschuldete Unternehmen, die nichts anderes taten, als einen gigantischen Geldkreislauf von 600 Millionen Mark herumzuwirbeln. Alles heiße Luft, an der sich die Kronenbergs bis Anfang der sechziger Jahre wärmten. Helmut wurde 1962 in Frankreich geschnappt, während Helga schon an ihrer neuen Rolle übte: Sie wurde als Marquese de Fresnada in England und Irland bekannt, bevor sie 1965 für viereinhalb Jahre aus dem Verkehr gezogen wurde, in den sie danach sofort wieder eintauchte.

Diesmal spielte sie die Chefin einer amerikanischen Ölfirma in Damaskus. Brillanten, Champagner und Kaviar im Nobelhotel Meridien waren so einleuchtend, daß ihr ein Nürnberger Ingenieur gerne einmal mit 2 Millionen DM aus einem finanziellen Engpaß half. Eine Ehre ist das, wenn man etwas für reiche Menschen tun darf. So wartete er denn auch zwei Jahre »aus Freundschaft« (ich sage ja, da herrscht Solidarität unter den Reichen), bis er die Öltante doch anzeigte.

Aber die war ja inzwischen als Prinzessin Sheika in Spanien und ließ sich von 30 Bediensteten betreuen: Masseure, Butler, Köche, Zofen, Gesellschafterinnen, Tierärzte für Hunde und Katzen und wen nicht alles. Geld für Lohn war allerdings knapp und mußte oft Monate geschuldet werden. Aber es ist natürlich ehrenvoll, für eine echte Scheichin zu arbeiten. Die Miete für die Villa wurde auch drei Jahre nicht bezahlt. (Wer ein paar Villen zum Vermieten hat, dem kommt es nicht so drauf an; gegenüber Reichen sind die Reichen geduldig.) Indessen gab es so konkrete Dinge wie Juwelen, Luxusautos und jede Menge Feinkost, teure Uhren und unbezahlte Telefonrechnungen von 70 000 DM.

Alles in allem schaffte es die inzwischen 59jährige Prinzessin von Ba-

rein mit ihrem roten Emiratspaß, in Spanien 10 Millionen Mark lockerzumachen. Wenn man bedenkt, daß eines ihrer Prinzipien so aussah: Leihe dir Geld und zahle es pünktlich mit stattlichen Zinsen zurück. Leihe dir nochmals Geld und verschwinde!, dann wird klar, daß, je älter und fetter, die Beweglichkeit nachläßt. Das war die Chance für die spanische Polizei, die lustige alte Dame festzunehmen: sie ließ sich gerade in einem Krankenhaus etliche Kilo Fettgewebe wegoperieren.

Data-Schlau hat auch schon einen neuen Auftrag in Aussicht gestellt: Hans soll nach einem Datenbank-Raster fahnden, in das man andere Datenbank-Systeme integrieren kann. Die Zukunft glänzt wie die Nachmittagssonne. In die Richtung kann Hans denn auch unbedenklich abheben. Geldmangel hat er jedenfalls im Augenblick keinen – solange er noch von den 10 000 DM lebt, die er Druck-Optimal schuldet. Er denkt sogar daran, von dem Geld für zwei Monate, von denen er vier Wochen in den USA unterwegs ist, einen Hilfsprogrammierer zu beschäftigen mit Werkvertrag, was er sich gut leisten könnte, wenn er erst später zurückzahlen würde. Nachdem ihm Data-Schlau, die pünktliche Zahler zu sein scheinen, sein nächstes Produkt bezahlt hätten. Jedenfalls muß die Zeit genutzt werden.

Auch Vater Alois geht es ganz gut. Er hat bei seiner alten Firma gekündigt, deren Untergang immer noch nahe schien. Er konnte als Werkmeister bei einem anderen Unternehmen, sogar bei etwas höherem Lohn, eine Anstellung finden. Den Wechsel seines Arbeitsplatzes hat er eifersüchtig für sich behalten. Wer darüber etwas wissen wollte (etwa die Autobank), könnte ihn ja fragen. Aber Antwort gibt es keine.

BERNIE RÄT:

Seinem Gläubiger soll man nicht hinterherlaufen. Das wäre ja eine völlig verkehrte Welt.

Alois zahlt ja nun auch schon seit Februar keine Raten mehr und hat also pro Monat 600 runde Mark mehr in der Kasse, die er früher für das Anschaffungsdarlehen und den Autokredit hingeblättert hatte. Nicht gerechnet, daß er durch das verlorene Auto auch keine laufenden Kosten an Benzin, Steuer und Versicherung mehr hat. Also richtet er sich auf den wohlverdienten Urlaub an der Costa Brava ein. Das hätte er sich vor zwei Monaten noch nicht träumen lassen. Er spekuliert sogar mit dem Gedanken, mit dem eigenen Auto dorthin zu fahren. Aber einem richtig großen, teuren und guten Auto. Mercedes oder BMW oder so etwas in der Art. Alois ist auf den Geschmack gekommen.

Mit welchem Geld? Auf Raten natürlich. Aber wer leiht ihm jetzt noch Geld? Wo doch die SCHUFA alles weiß?

Kein Problem. Bernie leiht Großvater Josef großzügig 3 000 DM, zinslos, denn er hat mit dem spanischen Ferienpark gut Knete gemacht. Mit dem Geld zahlt Großvater Josef das Auto an, unterschreibt den Ratenvertrag, meldet es auf seinen Namen an und stellt es Vater Alois zur Nutzung zur Verfügung. Der Nutzungsvorteil ist zwar bares Geld wert, aber nicht pfändbar. Es bleibt also Großvater Josefs Auto. Der bekommt auch das entsprechende Anschaffungsdarlehen für den Restkaufpreis, denn er kann als Sicherheit eine Lebensversicherung anbieten, die einen beträchtlichen Rückkaufwert hat. Allerdings mußte Großvater Josef die Höhe seiner Rente angeben, von der er allerdings nur knapp die Raten aufbringen könnte. Renten zu pfänden ist übrigens nicht ganz einfach, besonders nicht, wenn Großvater Josef einen wesentlichen Teil dem Altersheim zahlen muß, in dem er lebt. Denn soviel darf nie gepfändet werden, daß der Rentner etwa Sozialhilfe beanspruchen muß. (Über die Pfändungsfreigrenzen siehe Kapitel: »Unverpfändbare Sachen«.)

Niemand kann Großvater Josef also hindern, seinem Sohn Alois das Fahrzeug zu leihen. Der kommt natürlich für alle laufenden Kosten auf und zahlt auch die Raten. Solange die Autokreditbank nicht dahinterkommt, daß Alois durchaus seine Schulden bezahlen könnte, geschieht nichts. Und der Schuldner ist nicht verpflichtet, seine Einkommenssituation freiwillig mitzuteilen – bis zur Offenbarungsversicherung (früher: Offenbarungseid).

Wenn jetzt Alois auf den Gedanken käme, sich etwas Wertvolles kaufen zu wollen, zum Beispiel einen Video-Recorder, dann gibt es zwei Wege:
Er mietet sich einen. Das ist zwar teurer als Kauf, aber sicherer, weil dieses Video-Gerät der Verleihfirma gehört.

Oder er bezahlt den ersehnten Video-Recorder, macht ihn aber Hans zum Geschenk, so daß dessen Name gleich auf Rechnung und Garantieschein zu stehen kommt, und der leiht das kostbare Gerät seinem Vater. Das allerdings ist risikoreich. Die Schenkerei nämlich wirft ein strafrechtliches Problem auf (§ 288 StGB). Wenn nämlich Zahlungsunfähigkeit droht oder gar schon sichtbar ist, darf der Schuldner Gegenstände seines Vermögens nicht verschenken, und zwar unabhängig von den Fristen, die für die Offenbarungsversicherung gelten:

Geschenke müssen dort angegeben werden (§ 807, Abs. 1 Ziff. 2 ZPO), denn der Gläubiger kann den Schenkvorgang anfechten, wenn er innerhalb eines Jahres vor dem OV-Termin liegt. Aber so ein Jahr bis zur Offenbarungsversicherung kriegt man schnell zusammen, wenn man weiß, um was es geht. (Dazu Kapitel »Die Offenbarungsversicherung bringt es an den Tag«) Bei kleineren Geschenken, die zu den »gebräuchlichen Gelegenheitsgeschenken« gehören, fällt sogar die Jahresfrist weg. Dieses Schenken und Leihen darf laut Gesetz also nur im Stande der Unschuld geschehen, wenn man schlimmen Zeiten vorbeugen will.

Es gibt noch einen anderen Weg, Werte durch Geldausgeben zu sichern: Alois kann Hans 1 500 Mark leihen, für die Hans den Recorder kauft und ihn bei Alois ins Wohnzimmer stellt.

Da das Video, wie die Rechnung zeigt, Hans gehört, kann der Gerichtsvollzieher es nicht pfänden. Erst bei der Offenbarungsversicherung muß Alois wieder aktiv werden: Er muß nämlich seinen 1 500-DM-Anspruch gegen Hans offenbaren, auf den der Gläubiger nun seinerseits Anspruch erheben kann. Damit der arme Hans nun nicht löhnen muß, wird Vater Alois sein Darlehen (vor der OV) offiziell zurückfordern und vielleicht als Taschengeld auf einer Reise verjubeln. Soweit alles klar? Tatsächlich hat Alois sich einen Video-Recorder gekauft. Ganz einfach. Alles andere sind rechtlich erlaubte Manipulationen, die nur **in guten Zeiten durchgeführt** werden müssen, damit sie nicht strafbar sind.

Man muß sich bei all diesen Konstruktionen allerdings schweren Herzens damit abfinden, daß man keinerlei zivilrechtliche Ansprüche gegen denjenigen hat, mit dessen Eigentum man umgeht, wenn der es plötzlich wiederhaben will. Und: Vorsicht! Wenn auch nur ein hauchfeiner Rest eines Anspruchs auf Rückgabe besteht, dann macht man sich des Meineids schuldig (Mindeststrafe 1 Jahr), wenn man diesen Anspruch nicht im Offenbarungsversicherungsprotokoll angibt.

Aber auch das schauen wir uns im Zusammenhang mit der OV noch einmal genauer an.

Alois verleiht also einen Teil der Urlaubsgeldzahlung und eine Steuernachzahlung an Sohn Bernie (DM 2300), der sich davon eine Schmalfilmausrüstung leistet, deren Garantieschein auf Bernie Hempel lautet. Die verleiht er dann dem braven Vater. Fürs erste (bis zur OV) ist das o. k.

BERNIE RÄT:

Ob Urlaub oder Autokauf, Hauptsache, das Geld ist weg.

Man kann es also in sogenannte **bleibende Werte** umsetzen, etwa ins Kino gehen, eine Ausbildung bezahlen (Jungmanager-Seminare), eine umfängliche Reise, um Geschäftsfreunde zu besuchen.

Oder man denkt an **dauerhafte Werte,** wie Autos, Grundstücke, Briefmarkensammlungen, Kunstgegenstände etc. Dann allerdings muß dafür Sorge getragen werden, daß andere (vertrauenswürdige Personen) Eigentümer sind und solche Sachen nur zur Verfügung stellen.

Die Abgrenzungen rechtlich zulässiger und rechtlich verbotener Handlungsweisen können im Einzelfall **sehr kompliziert** sein. Da ist **anwaltliche Beratung** besonders zu empfehlen, denn es geht jetzt nicht mehr nur um Verlust von Geld, sondern um Strafbarkeit.

Eine kurze schriftliche (Beweis!) Stellungnahme des Anwalts zu einer konkreten Frage kostet auch nicht die Welt. Selbst wenn sie falsch sein sollte, darf man sich trotzdem auf sie verlassen, denn schlauer als die Anwälte braucht Alois Hempel nicht zu sein.

Traurig gerade bei den bleibenden Werten ist, daß man auf die Höhe der Ausgaben achten muß und daß diese nicht zwecklos sein dürfen. Einen geschäftsfähigen oder überlebenstechnischen Grund müssen sie schon haben. Denn wer »durch unwirtschaftliche Ausgaben, Spiel oder Wette übermäßige Beträge verbraucht oder schuldig wird«, den tritt § 283 Abs. 1 Ziff. 2 StGB mächtig ins Kreuz: mit Freiheitsstrafen bis zu fünf Jahren. Tja, und warum trifft diese harte Klausel nicht Arndt von Bohlen und Halbach? Weil er ja nicht von Zahlungsunfähigkeit bedroht ist. Sondern nur vom Finanzamt. Und die rechnen anders.

Bestraft wird nach § 283 äußerst selten, weil nur die wenigsten Lebemänner die Quittungen des Carlton Hotels aufheben und die Staatsanwälte auch Besseres zu tun haben, als ausgerechnet den Lebensstil des Bankrotteurs zu überprüfen. Der einzelne Gläubiger weiß von seinem Schuldner ohnehin fast nichts. Da würde nur ein Detektiv weiterhelfen, und der kostet wieder teures Geld. Einer der Hauptgründe für die wenigen Verurteilungen ist auch, daß unsere fast bankrotten Spesenritter nicht nur fast kein Geld mehr haben dürfen, sondern darüber hinaus auch keinerlei Kreditmöglichkeiten, Ansprüche gegen Dritte etc. haben.

O. k. Wir sind also jetzt den sogenannten Konkursdelikten schon dicht auf den Fersen (strafbar nach §§ 283 ff StGB). Wie man denen auf den Fersen bleibt, ohne sie so ganz richtig zu erreichen, zeigen auch die folgenden Abschnitte.

Durch Verstecken

Am besten, sie hätten alles, was zuviel war, als vorausschauende Menschen schon zwei Jahre vorher zu Großvater Josef ins Altersheim gebracht: das kleine Postsparbuch von Mutter Agnes mit den 2000 DM drauf. Denn der Gerichtsvollzieher kann bitten, den Sekretär in der Stilmöbelwand aufzuschließen, und er kann in allen Papieren blättern. So findet er weder den blauen Spargroschen noch die zehn VW-Aktien à 100 DM, die schon seit Jahren da liegen. Alles bei Opa. Aber schon seit die Mahnung auf dem Tisch von Alois lag, durfte Großvater Josef kein Schutz mehr sein. Bei drohender Zwangsvollstreckung dürfen Gegenstände nicht mehr »beiseite geschafft« werden. Die Verurteilungen nach § 288 StGB sind allerdings verschwindend gering, weil die Beweislage für Gläubiger und Staatsanwalt meist ungünstig ist. An der Strafbarkeit ändert das natürlich nichts.

Die oben erwähnte vorausschauende Wertsicherung übersteht allerdings mühelos den Besuch des Gerichtsvollziehers, jedoch nicht mehr die Offenbarungsversicherung. Bei entsprechendem Verdacht kann übrigens auch der Gerichtsvollzieher bei Großvater Josef pfänden. Jedoch nur dann, wenn Großvater Josef diese bei ihm befindlichen Gegenstände auch herausgeben will (§ 809 ZPO). Aber warum sollte er? Ohne Prozeß? Und das dauert bekanntlich.

Durch Sicherungsübereignung

Man tut also gut daran, sich frühzeitig gegen die Forderungen von Gläubigern zu schützen, wenn man seinen Lebensstandard nicht völlig ruinieren lassen will. Die Strategie ist, entweder man zahlt, oder man hat nichts Pfändbares im Haus. Man muß zusehen, daß alle in Frage kommenden Gegenstände und Werte anderen gehören oder sie einen Anspruch darauf besitzen, der älter ist als der Anspruch anderer Gläubiger.

BERNIE HEMPEL PACKT AUS:

Am besten ist, man spricht Gläubige an (Leute mit Gewissen): Über drei Milliarden Mark spendet der brave Bürger jährlich, um den Armen, den Verhungernden und seinem Gewissen aus der Talsohle zu helfen. Und um der Steuer bis zu 5% seines Einkommens vorzuenthalten.

Aus dieser Quelle ist leicht schöpfen. Da gründet man mit sechs weiteren Getreuen einen Verein, den man z. B. »pro humanitate« nennt. So hat ihn Freiherr von Korff-Erkelenz genannt, der schon in nahestehenden Gewerben Erfahrungen gesammelt hatte: Ehevermittler, Versicherungsvertreter, Hundepfleger.

Vereinsgründung ist einfach und notwendig, denn nur so kann man die Spendensammelei steuerfrei gestalten: In der Satzung müssen die Ziele so formuliert werden, daß das Finanzamt Gemeinnützigkeit anerkennt. Pro humanitate sorgte sich also um die Jugendlichen der Dritten Welt: »Ein Menschenleben für 98 Pfennig!« Patenschaften zum Monatsbeitrag von 30 DM brachten 1,5 Millionen im Jahr. Alles abgesichert durch den »besonderen Schutz des Bundespräsidenten«

und unter »treuhänderischer Aufsicht des Präsidenten der Hamburgischen Notarskammer«. Ehe die das merken und sich gegen diese Vereinnahmung wehren, haben es die anderen schon geglaubt und die Einnahmen des Vereins gemehrt.

Nun muß das Geld satzungsgemäß »direkt den Hilfsbedürftigen« zugute kommen. Das geht am besten durch ausgedehnte Flugreisen nach, sagen wir mal, Pakistan oder Südamerika. Vornehme Hotels inklusive. Zu Hause darf es auch der Dienstwagen sein sowie doch mindestens 5 000 DM Gehalt plus Spesen. Und Werbung und Büro und so weiter.

Da bewegen sich die Verwaltungskosten leicht zwischen den zugegebenen 38% und den von der Staatsanwaltschaft errechneten über 50%. Schon nicht schlecht. Das Finanzamt prüft nur alle drei Jahre, wie gemein der Nutzen war, den der Verein hatte, und da kann man ja schon eine Menge gesammelt haben.

Ein anderer Sammler, Günter Tesch, gründete immer neue Sammelgesellschaften mit zielgruppenorientierten Namen: diakonisch-missionarische Dienste, Missions-Hilfsdienste, Internationale Missions-Hilfsdienste. Herr Tesch machte es dann umgekehrt wie die seriösen Hilfsdienste: Er ließ 10% der Gelder in die armen Länder fließen und den Rest in die Verwaltung (das waren allerdings Privatvergnügen, Häuser, Reisen).

Staatsanwälte haben es schwer, den sich selbst helfenden Sammlern in ihr lukratives Gewerbe zu pfuschen. Da müssen Hunderte von Spendern befragt werden, und diese müsse in ihren Vermögensverhältnissen auch wesentlich geschädigt worden sein. Und es muß nachgewiesen werden, daß da vorsätzlich mehr Eigen- als Gemeinnutz im Spiele war. Aber das ist ja nicht unser Problem.

Fassen wir zusammen:

1. *Gemeinnützigen Verein gründen*
2. *Mit biederem Werbeaufwand sammeln*
3. *20% oder so an die armen Seelen bringen*
4. *Den Rest selbst verjubeln: Verwaltungskosten*
5. *Den Laden früh genug zumachen und verschwinden, denn irgendwann kommt natürlich die Anzeige wg. Spendenbetrugs.*

Naja, alles miese Tricks, denen ich als ehrbarer Immobilienmakler nichts abgewinnen kann.

Aber zurück zur Sicherungsübereignung. Gerade die Leute, von denen man Geld haben will, genieren sich mehr als man selbst. Deswegen wird hier ein entscheidender Fehler gemacht, der für den Darlehensnehmer unangenehme Folgen haben kann: nämlich, daß er einem Gläubiger zahlen muß, dem er gar nicht zahlen will und einem anderen, dem er gerne zahlen möchte, nicht zahlen darf.

Geldleihen ist eine Frage der Strategie und Planung. Wir erinnern uns, Großvater Josef hatte doch im Mai dem Alois 3 500 DM für die sofortige Rückzahlung des Möbel-Anschaffungsdarlehens geliehen und darüber mit ihm einen Vertrag gemacht. In diesem wurden die folgenden Gegenstände sicherungsübereignet:

Stereo-Anlage (fast neuwertig)	1 500 DM
Fernsehgerät (Farbe)	600 DM
Fotoapparat mit Blitzlicht	500 DM
Elektrische Nähmaschine	200 DM
Hobbykellereinrichtung	700 DM
	3 500 DM

Eine solche Sicherungsabrede ist nur rechtswirksam, wenn aus dem Datum ersichtlich ist, daß sie gleichzeitig mit dem Darlehen vereinbart wurde. Nachträglich darf der Gläubiger im Überschuldungsfall keine Sicherheiten verlangen, weil dann ja andere Gläubiger benachteiligt wären. Und das ist strafbar. (§ 283 c StGB)

Falls Sohn Alois das Darlehen zu einem bestimmten Zeitpunkt – etwa in 10 Jahren – oder in monatlichen Raten von 20 DM nicht zurückzahlt, gehen die gesicherten Gegenstände in das Eigentum von Großvater Josef über (bzw. in das seiner Erben!). Der Multimedia-Kram, Nähmaschine und Hobbykeller sind also durch nachfolgende Gläubiger nur bedingt pfändbar.

BERNIE RÄT:

Nur wer sich mit freundlichen Gläubigern umgibt und spätestens **zum Zeitpunkt der Auszahlung des Darlehens Sicherheiten vereinbart, hat eine straflose Chance, andere,** bösartige (oder auch nur weiter entfernte, unbekanntere) **Gläubiger von sich fernzuhalten.**

Wer die bisherigen Ausführungen für etwas kompliziert hält, hat recht. Im Bereich der Sicherungsübereignung muß auch ein Anwalt

Phantasie entwickeln, wenn er da die Gläubiger und den Staatsanwalt raushalten will.

Am einfachsten ist natürlich: Alois verkauft die angegebenen Gegenstände zu einem angemessenen Preis an Großvater Josef, der sie ihm dann leihweise überläßt. Dann haben andere Gläubiger gar keine Anfechtungsmöglichkeiten. Aber man findet natürlich nicht für alles Käufer, und wer steht einem immer so nahe, daß er sich auf den Deal einläßt und seine Klamotten dann nicht eines Tages wiederhaben will. Alles in allem: eine menschliche Frage.

Der Rang

Damit kommen wir zu einer sehr wichtigen Frage, der des **Ranges.** Denn bei der Zwangsvollstreckung kommt es jedem (cleveren) Gläubiger darauf an, der erste zu sein. Wer zuerst kommt, kommt auch zuerst an sein Geld. Der Rang wird also festgelegt durch den, der zuerst den Titel hat, mit diesem dann zuerst den Gerichtsvollzieher losschickt und den Kuckuck kleben läßt bzw. als erster die Offenbarungsversicherung verlangt. Wenn ihm nicht jemand durch eine besondere Vertragsform (Sicherungsübereignung), durch die sozusagen schon des Gläubigers Hand auf dem Wertobjekt lastet, zuvorgekommen ist.

BERNIE HEMPEL PACKT AUS:

Na, um den Rang werden sich die Gläubiger in Wiesbaden geprügelt haben. 2,3 Millionen Schulden müssen eingetrieben werden. Von der Rush Rajneesh Unternehmensförderung für Service und Handelsbetriebe GmbH und der Diskothek Zorba the Buddha. Dran glauben mußten zum Beispiel ein Frankfurter Weinhändler (150 000 DM), ein Wiesbadener Immobilienmakler (200 000 DM) und viele kleine Darlehensgeber (um 10 000 DM) sowie jede Menge Lieferanten.

Die Buggies, die noch im Sommer 1984 für 150 000 DM allesamt nach Oregon geflogen waren, mußten sich im Juni 1985 endgültig aus dem Staub machen. Die Geschäftsführer der Disko werden zwecks Ver-

haftung gesucht, aber wie kann man einen Orangenen vom anderen unterscheiden? Die siebzigköpfige Kommune jedenfalls hat sich in alle Winde verstreut.

Bleibt noch der Staatsanwalt, der sich durch die Akten wühlen muß, um ein kompliziertes Firmengeflecht zu durchschauen, in das die Pleite-Disko verwoben ist. Vorrang beim Geldfluß hatte da etwa die »Rush-Innenausbau, Raumgestaltung« oder die der Rush GmbH gehörende »Gastronomie und Veranstaltungs GmbH & Co KG«. Da war das Hemd näher als der Rock. Liquiditätsschwierigkeiten und unternehmerische Fehlentscheidungen gab die Rush GmbH in einer Gläubigerversammlung zu. Passiert ja hin und wieder mal in der freien Wirtschaft. Daß da keine Bücher geführt noch Steuererklärungen abgegeben wurden! So geht's ja nicht. Aber das Geld ist weg. Seitdem haben die Vermieter der Disko-Räume ihre Hand auf die Abendkasse gelegt, eine Parkettfirma Konkursantrag gegen die Rush GmbH gestellt, und die Lieferanten holten ihre noch unbezahlten Bierkisten aus dem Tanzschuppen. Ein tolles Gerangel.

Übrigens dürfen nur Schulden bezahlt werden, die wirklich fällig sind! Denn sonst droht die Gefahr der Gläubigerbegünstigung und des fahrlässigen Bankrotts (§§ 283 ff StGB). Hat man mehrere Gläubiger, deren Ansprüche allesamt fällig sind, darf man als Einzelkaufmann jeden nach Gusto bedienen. Da nimmt man natürlich diejenigen zuerst, die einem die liebsten (oder die lästigsten) Gläubiger sind. Bei einer GmbH ist es allerdings anders: Die überschuldete Firma muß innerhalb von drei Wochen Konkurs anmelden (§ 64 GmbH-Gesetz), so daß ihre finanziellen Angelegenheiten vom Konkursgericht im einzelnen überprüft und begutachtet werden können. Wer diese Frist versäumt, macht sich ebenso strafbar wie derjenige, der seine Buchhaltung im Zustand der Überschuldung nicht in Ordnung hält oder Bilanzen verspätet erstellt. Wie wir aus Bernie Hempels Geschichten aber wissen, geschieht dergleichen allenthalben.

Normale Gläubiger haben beim Rang vor allem zwei Konkurrenten: das Finanzamt sowie andere Verwaltungsbehörden, die ihre Titel selbst ausstellen dürfen, ohne sie durch ein Amtsgericht absegnen lassen zu müssen, und auf der anderen Seite: die anderen Gläubiger.

Vor dem Finanzamt sollte sich auch der Schuldner hüten: Denen geht nie der Atem aus.

Bei den anderen Gläubigern kann der Schuldner ein Wort mitreden im oben genannten Sinn. Aber Vorsicht, hier lauert der Strafbestand der Gläubigerbegünstigung (§ 283 StGB). Der ist allerdings schwer nachzuweisen. Der Gläubiger muß nämlich seine Behauptung belegen, andere Gläubiger seien ihm vorgezogen worden: mit unrechtmäßigen Mitteln, Vertragsfälschung etwa.

Das ist der Grund, warum Gläubiger mit solchen Attacken kaum kommen, es sei denn, es handelte sich um Millionen. Dann lohnen sich die Kosten.

Durch Verkauf

Ganz anders macht es Hans. Er verkauft alle pfändbaren Gegenstände an Marlene. Da kommt für so eine gesamte Wohnungseinrichtung schon einiges zusammen. Marlene Mayer soll ihm gute 6 000 DM zahlen. Das steht alles in einem ordnungsgemäßen Vertrag.

Diesen Vertrag legt Hans Hempel dem Gerichtsvollzieher vor, falls der ihm den bequemen Fernsehsessel unter dem Hintern wegziehen will. Voraussetzung ist allerdings, daß Marlene den Kaufpreis auch tatsächlich bezahlt hat. Spätestens vor der Offenbarungsversicherung. Dort müßte Hans sonst sagen, daß er gegen Marlene noch eine Forderung offen hat; und schon würde Druck-Optimal bei Marlene zufassen.

Wenn Hans sich die 6 000 DM nun nicht hinblättern läßt (hat er »vergessen« oder so), dann begeht er eine »Vollstreckungsvereitelung« (§ 288 StGB). Aber das ist schwer nachzuweisen. Das scheint auch der Grund zu sein, warum wegen Vollstreckungsvereitelung erstaunlich wenig Urteile gefällt werden. Hat Hans das Geld aber von Marlene erhalten, könnte er mit ihr noch am selben Abend in der Spielbank von Bad Neuenahr jubeln oder am Wochenende nach New York in die Oper segeln? Leider nein. Wenn Hans sein Geld versaufen will, statt seinen Gläubigern zu zahlen, darf er das nur in normalen Maßen tun. So wird ihm der § 283 StGB bei einem monatlichen Besuch der Städtischen Volksbühne nichts vorwerfen können.

BERNIE RÄT:

Nicht einfach seine Sachen bei Freunden unterstellen oder »pro forma« verschenken.

Spätestens bei der Offenbarungsversicherung muß man sagen, wo die Klamotten stehen. Und verschenken – das hatten wir ja schon –, das muß spätestens ein Jahr vor dem OV-Termin passiert sein.

Also – verkaufen ist immer noch eine saubere Lösung: wenn man kann. Und dann – vorsichtig verfressen, in Unpfändbares umsetzen oder Investitionen tätigen.

Durch Leben im Geliehenen

Im Kleiderschrank von Mutter Agnes hängt dieser herrliche Pelzmantel, mindestens 2 500 DM wert, könnte gute 1 000 DM bringen. Aber: Die clevere Agnes hat immer eine Quittung zur Hand, auf der der Name von Bernie steht. Nichts zu machen, wenn nachzuweisen ist, daß der Gegenstand jemand anderem gehört. Rechtlich gesehen hat Bernie der Mutter den Mantel also »geliehen«, er bleibt weiter Eigentümer des Mantels. Auch wenn es ungewöhnlich ist, daß gerade Bernie seiner Mutter einen Pelzmantel nur leiht und nicht schenkt, dürfen sich weder Gerichtsvollzieher noch Gläubiger daran stoßen. Aber ärgern dürfen sie sich natürlich.

BERNIE HEMPEL PACKT AUS:

Und geärgert haben sie sich wohl im Fall von Willy O. Hoffmann, lorbeerbekränzter Präsident des Fußballvereins München 1860: Der frühere Steuerberater hatte sich im Bauträgergeschäft ordentlich vergriffen und durfte dann – wegen des Skandals – nicht einmal mehr seinen Fußball organisieren. Er lebt »bei seinen Kindern«. Einkommenslos selbstverständlich.

Den Kindern hatte er schon vor Jahren, als es ihm prächtig ging, aber auch um Steuern zu sparen, sein eigenes Haus geschenkt – und da wohnt er nun, heute wie gestern und morgen in gleicher Pracht und Herrlichkeit. Und auf seine gewohnten Feste in der Münchner High Society braucht er allemal nicht zu verzichten: da ist er immer eingeladen.

BERNIE RÄT:

Schaffe dir viele Freunde, bevor du bankrott gehst, dann steigen die Chancen, daß sie dir später irgend etwas »zur Verfügung stellen«. Daß deine Großzügigkeit vorher auf dem Rücken der Banken und anderer Gläubiger überhaupt erst möglich wurde, ist normal und wird bekanntlich schon in der Bibel empfohlen:

»Machet euch Freunde mit dem ungerechten Mammon, auf daß, wenn es damit zu Ende ist, sie euch aufnehmen in die ewigen Hütten.« (Lukas, 16,9)

Hätte Bernie seiner Mutter den Mantel geschenkt und läßt sich dann die Eigentumslage nicht nachweisen, pfändet der Gerichtsvollzieher vorsorglich, und der wahre Besitzer muß dann seinerseits auf Herausgabe klagen. Also: Quittungen, Garantiekarten etc. aufheben, wenn man schon wie im Leihhaus lebt.

BERNIE RÄT:

Leuten, die Schulden haben, darf man nichts schenken, wenn man sie gern hat. Denn es kann ihnen ja sofort weggenommen werden. Will man ihnen etwas Gutes tun, dann zahlt man am besten die lästigen Gläubiger. Oder man leiht das Notwendige zum Leben – aber bedacht auf die Rückforderung, damit die Leihgaben gesichert sind.

Auch Ehepartner können sich da gegenseitig helfen – je nachdem, wer das Pleiterisiko zu tragen hat –, denn: Auch wer verheiratet ist, hat Gütertrennung, wenn nicht ausnahmsweise Gütergemeinschaft vereinbart ist, und die gibt es im wirklichen Leben praktisch nicht. Ein eigener Gütertrennungsvertrag bestätigt nur, was ohnehin schon ist, beseitigt aber noch den sogenannten »Zugewinnausgleich«. Bei

Heirat empfiehlt es sich also, eine Liste derjenigen Gegenstände zu machen, die jedem einzelnen gehören, damit das später beweisbar ist, und diese Liste fortzuschreiben für alle zugekauften Gegenstände.

Wer diese Art Buchführung betreibt, wird aber meist so zuverlässig sein, daß er zum kreativen Schuldenmachen gar nicht mehr kommt.

CHECKLISTE:

— Soll ich, solange es mir gutgeht, für Schuldnerzeiten vorsorgen und schon jetzt »im Geliehenen« leben?
— Habe ich mir einen Überblick über Vermögen und Schulden verschafft?
— Wenn die Schulden das Vermögen übersteigen, droht die Zahlungsunfähigkeit. Ab diesem Zeitpunkt ist strafbar (besonders, wenn es nachgewiesen wird):
  - Verkauf von Vermögensgegenständen unter Wert;
  - übermäßig luxuriöser Lebenswandel;
  - das Wegschaffen von Gegenständen, um die Vollstreckung zu erschweren.

— Nicht strafbar ist (auch, wenn es nachgewiesen wird):
  - von der Mildtätigkeit guter Freunde zu leben, die man damals reich beschenkt hat;
  - von der Freundin zu leben (es darf auch die Ehefrau sein);
  - alles zu verkaufen, was nicht niet- und nagelfest ist, wenn man es nicht gleich zur Spielbank oder zu Van Cleef und Arpels trägt, um die Großmutter mit Klunkern zu behängen.

— Wenn man sich nicht auskennt (und das tut fast keiner): Habe ich schon ein paar Mark für einen Anwalt ausgegeben, der mir schriftlich bestätigt, daß alles seine Richtigkeit hat (wenn es seine Richtigkeit hat)?
— Merke: Natürlich ist es auch schon einmal sinnvoll, Schulden zu zahlen. Aber man zahlt vernünftigerweise zuerst dem Gläubiger, der einem später weiterhelfen kann, dann den anderen (wenn noch was da ist), die einem ständig auf die Hühneraugen treten.

Die Verzögerungstaktik

Nach allem, was wir jetzt wissen, läßt sich vermuten, daß der Versuch der **Sachpfändung** oft mißlingt. In der Praxis unterschreiben die Gerichtsvollzieher tatsächlich mehr **Pfandabstandsprotokolle**, als daß sie etwas Verwertbares finden. Aber zunächst müssen sie ja überhaupt erst mal suchen können.

Ende September klingelt also Gerichtsvollzieher Wilfried Wolf und sagt: »Ich bin Gerichtsvollzieher und habe hier einen Vollstreckungsbescheid gegen Herrn Alois Hempel. Darf ich hereinkommen?«

»Nein – was Sie nicht sagen!« sagt daraufhin Frau Agnes und schlägt die Hände über dem Kopf zusammen und dann:

»Nein, daß Sie hereinkommen wollen, ist mir aber gar nicht recht. bei uns sieht es aus!« Sie erspart sich den Rest des bekannten Satzes und fährt statt dessen fort: »Bleiben Sie ruhig draußen.« Sie hat fleißig geübt. Daß es Mutter Agnes nicht recht ist, wenn der Gerichtsvollzieher die Wohnung betreten will, ist ihr gutes Recht, denn Herr Wolf darf die **Wohnung nur** mit einem **Durchsuchungsbefehl** betreten. Das hat das **Bundesverfassungsgericht** entschieden, denn die Freiheit der **Wohnung** ist **unantastbar.** Den Durchsuchungsbefehl braucht er zusätzlich zu dem Titel. Er muß beim Amtsgericht beantragt werden, der zuständige Richter bemüht einen Stempel, denn im Einzelfall wird da gar nichts geprüft. Und das Ganze dauert etwa vier Wochen. Die hat Frau Agnes nun für ihren Alois gewonnen.

Weil die Gerichtsvollzieher dann aber für dasselbe Geld zweimal kommen müssen, verschicken einige von ihnen zunächst ein Formular mit der Bitte, sich mit ihnen in Verbindung zu setzen. Nur im Weigerungsfall kämen sie mit dem Durchsuchungsbefehl in der Hand an die Tür.

Mit diesem Schuldnerrecht ist der früher einmal gedachte Überraschungseffekt natürlich hin, und der Gläubiger hat das Nachsehen, aber was will er machen? Recht ist Recht. Und der Schutz der eigenen Wohnung gilt eben auch für einen Schuldner.

Eine sehr schwere **Erkrankung** ist auch ein **legitimer Grund**, den Gerichtsvollzieher auf später zu **vertrösten.** Allerdings muß der Herzanfall, die schwere Gehirnerschütterung etc. auch ärztlicherseits dem Gericht attestiert werden. Selbst wenn der Schuldner gar nicht da wäre und daher einer seelischen oder körperlichen Belastung direkt gar nicht ausgesetzt wäre, weil er sich gerade zur Kur in einem Lungensanatorium befindet oder sich bei einer Kur von seinem Schatten begleiten läßt, bleibt die Wohnung vor einer Durchsuchung sicher. Dann muß sogar die einem gesunden Bürger bei Abwesenheit zuzumutende Öffnung der Wohnung durch den Schlosser entfallen.

BERNIE RÄT:

Wem der Gerichtsvollzieher ins Haus steht, der soll seine beantragte Kur auch nehmen. Allerdings sollte er das zuständige Gericht davon in Kenntnis setzen.

Auch nachts darf der Gerichtsvollzieher nicht kommen und brave Schuldner aus der wohlverdienten Ruhe schrecken.

Vom 1. 4. bis 30. 9. hat der Schuldner zwischen 21 Uhr und 4 Uhr seine Ruhe, und zwischen dem 1. 10. und dem 31. 3. darf er von 21 Uhr bis 6 Uhr schlafen (§ 188 I, ZPO).

Ebenfalls an Sonn- und Feiertagen ist nichts zu machen (§ 761, ZPO). Es sei denn, der Gläubiger stellt beim zuständigen Gericht einen Antrag und kann ihn begründen: nämlich, daß der Schuldner nicht anzutreffen gewesen sei, auch nicht außerhalb normaler Arbeitszeit.

Tatsächlich war der Gerichtsvollzieher schon nach drei Wochen wieder da und hat niemanden angetroffen. Er bittet um Nachricht, wann er jemanden antreffen könnte. So höflich ist das heutzutage. Hier muß Alois allerdings antworten, denn sonst erscheint nach Ablauf der auf der Nachricht angegebenen Frist (gewöhnlich zwei Wochen) der Gerichtsvollzieher in Begleitung von zwei starken Männern. Und schert sich nicht mehr darum, ob einer zu Hause ist. So schreibt es das Gesetz vor: ein Schlosser und noch ein Schlosser, der auch jemand anderes sein kann. Hauptsache, er kann zeugen (Schlosser und Zeugen kosten natürlich Geld, das wieder auf den Schuldsaldo kommt). Dann darf der Gerichtsvollzieher auch die

Wohnung ohne Anwesenheit des Schuldners betreten. Aber das muß nicht sein, den Alois hat nichts mehr zu verbergen. Außer dem Sparbuch und den zehn VW-Aktien, die schon in den guten Jahren bei Großvater Josef gebunkert wurden.

Durch den schon angedeuteten Zufall erfährt Druck-Optimal zunächst nur den Straßennamen und die Hausnummer, unter der Hans Hempel neuerdings wohnen soll: Eine Visitenkarte der Firma Planlos International mit der handschriftlich beigefügten Telefonnummer von Marlene Mayer war die heiße Spur, die der Gläubigerfirma durch einen ihrer Vertreter ins Haus geflattert kam, der bei Data-Schlau zu tun hatte und von den wunderlichen Leistungen eines Hans Hempel erzählen hörte. Nach Mitteilung der Adresse durch die Telefonauskunft (die das nicht darf, aber trotzdem manchmal macht) beauftragt die Rechtsabteilung von Druck-Optimal denselben Herrn Wolf, der schon bei Mutter Agnes abgeblitzt war, denn er ist für denselben Bezirk zuständig, in dem auch Vater Alois wohnt.

Nach dem Versäumnisurteil bedarf es also keiner vorwarnenden Information des Schuldners mehr, sondern der Gerichtsvollzieher darf gleich – wenn er kann.

Aber das fällt ihm jetzt schwer. Denn an den Klingeln findet er alle möglichen Namen, unter anderem Planlos International und Marlene Mayer, aber keinen Hans Hempel. Diese Machenschaft ist genausogut wie ein Künstlername, denn **niemand ist verpflichtet, seinen richtigen Namen an die Tür zu schreiben.**

Da dem Gerichtsvollzieher mit auf den Weg gegeben worden ist, auf den Firmennamen zu achten, klingelt er bei Planlos International, Fräulein Mayer macht auf (es ist gegen fünf Uhr nachmittags) und sagt, Hans Hempel kenne sie nicht, die Firma gehöre ihr selbst.

Lügen ist ja nicht immer strafbar, höchstens aufregend. Das findet Marlene jedenfalls, als sie die Tür auf- und ihren Hans in die Arme schließt, der sich in seinem Zimmer über Datenausdrucke gebeugt hatte. Er hätte übrigens auch selbst den Gerichtsvollzieher anlügen können (wenn ihm nicht so leicht die Schamröte ins Gesicht stiege). Er hätte ihm auch keinen Ausweis zeigen müssen: »Tut mir leid, versuchen Sie es doch mal eine Etage höher! Ich bin hier auch nur Angestellter.«

Dann muß Druck-Optimal Nachermittlungen anstellen. Entweder

sie schaut im Gewerberegister nach, fordert die Beiakten an. Oder sie schreibt die Hausverwaltung an, da wäre eine »wichtige Nachricht« für Herrn Hempel, und erhält dann oft die gewünschte Auskunft. Schließlich gibt es noch Detekteien, die Adressenermittlungen für Pauschalbeträge von 50 DM durchführen. Wenn gar nichts hilft, hingehen und dumm fragen ist alles. Druck-Optimal hat also Glück gehabt und herausbekommen, daß Hans Hempel bei Marlene Mayer residiert.

Druck-Optimal schickt also den Gerichtsvollzieher wieder los in die Wohnung von Fräulein Mayer, wo er niemanden antrifft und eine Nachricht mit der Bitte um Rückmeldung hinterläßt.

Der Gerichtsvollzieher hat sich vorsorglich mit einem Durchsuchungsbefehl ausgestattet, als er kommt. Schon deshalb, weil er nur eine einzige Gebühr erhält für seinen ganzen Aufwand.

Der GV bekommt eine **Gebühr,** die sich nach dem **Streitwert** richtet. Bei Hans sind zum Beispiel alles in in allen 11 002,79 DM zu vollstrecken. Die bringen 120 DM, wenn der GV etwas Pfändbares findet, findet er nichts, gibt's nur die Hälfte. Dann bekommt er noch ein paar Mark **Schreibgebühren** für das Protokoll, **Wegegeld** und, wenn die Vollstreckung über Gebühr lange dauert, eine **zusätzliche Zeitgebühr.** Das gebührt ihm und bringt alles zusammen selten unter 20 DM und im Durchschnitt 60 DM.

In unserem Fall ist schwer glaubhaft zu machen, daß Hans Hempel nicht gewußt haben kann, daß der Gerichtsvollzieher ins Haus steht. Schließlich hat er sich ja absichtlich »unbekannt verzogen«.

Wer aber z B. während seines Urlaubs Gerichtspost zugestellt bekommt, deshalb die Fristen verpaßt und schließlich erst durch den Gerichtsvollzieher von einem Urteil gegen sich hört, der muß sich merken:

BERNIE RÄT:

Sofort zum Anwalt rennen! Nur der kann checken, ob die Frist wirklich fahrlässig verpaßt wurde, und dann eine **Vollstreckungsgegenklage** einreichen, damit man sich gegen den Anspruch in vollem Umfang verteidigen kann.

Hier geht es darum, daß **beide** Parteien das Recht auf Anhörung haben müssen. Wer dieses Recht nicht vorsätzlich verpaßt, dem muß es nachgeliefert werden.

Die Sachpfändung

Wie bei einem zu erwartenden Sturm hat Alois alles fest vertäut, und gar zu bewegliche Dinge sind eingebunkert. Ehe es nicht im Hafen des Offenbarungseides an die Kette kommt, ist (fast) alles sicher:

»Guten Tag, Herr Gerichtsvollzieher, nett, daß Sie da sind.«

Zuerst holt Alois die umfängliche Schmalfilmausrüstung aus dem Schrank: Die Geräte sind, sicher zum Bedauern seines Gläubigers, im Eigentum von Sohn Bernie, wie man der Garantieurkunde entnehmen kann (s. S. 99). Die anderen elektronischen Geräte, Stereo-Anlage, der Super-Color-Fernseher, Nähmaschine und Fotoapparat sind dem alten Vater Josef zur Sicherheit übereignet. In dem vorgelegten Schuldvertrag sind als gegenwärtiger Wert 3 500 DM aufgeführt.

Der Gerichtsvollzieher kann erkennen, daß die Geräte tatsächlich nicht mehr als 3 500 DM wert sind, und muß verzichten. Wären sie mehr wert, könnte er eine sogenannte Anschlußpfändung durchführen auf den Wert, um den sie die 3 500 DM übersteigen.

»Dann wollen wir einmal weitersehen«, sagt Gerichtsvollzieher Wilfried Wolf und sieht sich alles an. Das ist hier wichtig, weil die Pfändung den gesamten Hausstand der Hempels betrifft. Im Kreditvertrag für das inzwischen verschrottete Auto hatte auch Mutter Hempel unterschreiben müssen. Alle ihr gehörenden Gegenstände können also mitgepfändet werden! Der Gerichtsvollzieher wünscht auch die Kellerräume zu sehen, wo er die schon erwähnte Hobbywerkstatt von Alois Hempel findet, deren Zeitwert aber auch die 700 DM nicht übersteigt.

Unpfändbare Sachen

Nun wird es eng, wenn der Gerichtsvollzieher nicht unverrichteter Dinge wieder abziehen will. Aber aufgrund von Bernies Ratschlägen haben die Hempels ihre ganze Wohnung durchgecheckt unter Zuhilfenahme des § 811, 1–14 (ZPO).

Wie diese allgemeinen Beschreibungen in die Gerichtsvollzieherpraxis übersetzt werden, was also »Sachen des persönlichen Gebrauchs« sind oder welche Gegenstände zur »Fortsetzung von Er-

811 Unpfändbare Sachen
Folgende Sachen sind der Pfändung nicht unterworfen:

1. die dem persönlichen Gebrauch oder dem Haushalt dienenden Sachen, insbesondere Kleidungsstücke, Wäsche, Betten, Haus- und Küchengerät, soweit der Schuldner ihrer zu einer seiner Berufstätigkeit und seiner Verschuldung angemessenen, bescheidenen Lebens- und Haushaltsführung bedarf; ferner Gartenhäuser, Wohnlauben und ähnlichen Wochenzwecken dienende Einrichtungen, die der Zwangsvollstreckung in das bewegliche Vermögen unterliegen und deren der Schuldner oder seine Familie zur zuständigen Unterkunft bedarf;
2. die für den Schuldner, seine Familie und seine Hausangehörigen, die ihm im Haushalt helfen, auf vier Wochen erforderlichen Nahrungs-, Feuerungs- und Beleuchtungsmittel oder, soweit für diesen Zeitraum solche Vorräte nicht vorhanden und ihre Beschaffung auf anderem Wege nicht gesichert ist, der zur Beschaffung erforderliche Geldbetrag;
3. Kleintiere in beschränkter Zahl sowie eine Milchkuh oder nach Wahl des Schuldners statt einer solchen insgesamt zwei Schweine, Ziegen oder Schafe, wenn diese Tiere für die Ernährung des Schuldners, seiner Familie oder Hausangehörigen, die ihm im Haushalt, in der Landwirtschaft oder im Gewerbe helfen, erforderlich sind; ferner die zur Fütterung und zur Streu auf vier Wochen erforderlichen Vorräte oder, soweit solche Vorräte nicht vorhanden sind und ihre Beschaffung für diesen Zeitraum auf anderem Wege nicht gesichert ist, der zu ihrer Beschaffung erforderliche Geldbetrag;
4. bei Personen, die Landwirtschaft betreiben, das zum Wirtschaftsbetrieb erforderliche Gerät und Vieh nebst dem nötigen Dünger sowie die landwirtschaftlichen Erzeugnisse, soweit sie zur Sicherung des Unterhalts des Schuldners, seiner Familie und seiner Arbeitnehmer oder zur Fortführung der Wirtschaft bis zur nächsten Ernte gleicher oder ähnlicher Erzeugnisse erforderlich sind;

4a. bei Arbeitnehmern in landwirtschaftlichen Betrieben die ihnen als Vergütung gelieferten Naturalien, soweit der Schuldner ihrer zu seinem und seiner Familie Unterhalt bedarf;

5. bei Personen, die aus ihrer körperlichen oder geistigen Arbeit oder sonstigen persönlichen Leistungen ihren Erwerb ziehen, die zur Fortsetzung dieser Erwerbstätigkeit erforderlichen Gegenstände;
6. bei den Witwen und minderjährigen Erben der unter Nr. 5 bezeichneten Personen, wenn sie die Erwerbstätigkeit für ihre Rechnung durch einen Stellvertreter fortführen, die zur Fortführung dieser Erwerbstätigkeit erforderlichen Gegenstände;
7. Dienstkleidungsstücke sowie Dienstausrüstungsgegenstände, soweit sie zum Gebrauch des Schuldners bestimmt sind, sowie bei Beamten, Geistlichen, Rechtsanwälten, Notaren, Ärzten und Hebammen die zur Ausübung des Berufes erforderlichen Gegenstände einschließlich angemessener Kleidung;
8. bei Personen, die wiederkehrende Einkünfte der in den §§ 850 bis 850b bezeichneten Art beziehen, ein Geldbetrag, der dem der Pfändung nicht unterworfenen Teil der Einkünfte für die Zeit von der Pfändung bis zu dem nächsten Zahlungstermin entspricht;
9. die zum Betrieb einer Apotheke unentbehrlichen Geräte, Gefäße und Waren;
10. die Bücher, die zum Gebrauch des Schuldners und seiner Familie in der Kirche oder Schule oder einer sonstigen Unterrichtsanstalt oder bei der häuslichen Andacht bestimmt sind;
11. die in Gebrauch genommenen Haushaltungs- und Geschäftsbücher, die Familienpapiere sowie die Trauringe, Orden und Ehrenzeichen;
12. künstliche Gliedmaßen, Brillen und andere wegen körperlicher Gebrechen notwendige Hilfsmittel, soweit diese Gegenstände zum Gebrauch des Schuldners und seiner Familie bestimmt sind;
13. die zur unmittelbaren Verwendung für die Bestattung bestimmten Gegenstände;
14. nicht zur Veräußerung bestimmte Hunde, deren Wert 200 Deutsche Mark nicht übersteigt.

werbstätigkeit« dienen und daher unpfändbar sind, darüber können die Meinungen bei Gläubiger, Schuldner und Gerichtsvollzieher natürlich auseinandergehen.

BERNIE HEMPEL PACKT AUS:

Jawohl, absolut richtig. Am besten ist, man hat eine Firma, die unpfändbare Sachen produziert oder vertreibt, weil sie nichts besitzt, aber das verkauft. Da fallen ja kaum Investitionen an, nur Vertriebskosten.

Nach diesem Prinzip hat H. J. Ament sich in den siebziger Jahren das Leben leichtgemacht und macht es so noch heute:

1. Man nehme die Menschen bei ihren Gefühlen, Ängsten und Nöten und entbiete ihnen für Geld gute Wort. In diesem Fall handelte es sich um „geheimes Wissen“ von „großen Eingeweihten“, als da sind: Platon, Franklin, Sokrates, Leonardo, Dante, Pythagoras, Buddha, Paracelsus, Jesus oder Lincoln.

Daß Marx in der bunten Werbebroschüre unter den geheimen Aufklärern fehlt, versteht sich von selbst, denn „Im Anfang war der Gedanke“, nicht einmal das Worte. Worte allein sind Geschwätz, der Gedanke macht's. Ein Beispiel:

»Vor einiger Zeit besuchte ein Mann, der finanziell völlig am Ende, arbeitslos und von Grund auf verzweifelt war, einen Vortrag über die Kräfte des Unterbewußtseins. Er hatte zuvor noch niemals etwas über dieses Thema gehört oder gelesen, doch sagte er sich: »Dies ist alles ganz logisch, und einen Versuch ist es wert!« So fertigte er sich eine Liste an, in der er die drei Dinge festlegte, die er sich am meisten wünschte. Sie waren durchaus materiell, aber er brauchte sie dringend: einen Arbeitsplatz, ein Auto und genug Geld zum Leben.

Nun begann er sich zunächst auf einen Arbeitsplatz zu konzentrieren. Er wiederholte im Geist immer wieder folgenden Satz, den er auswendig gelernt hatte: »Ich weiß, daß die allumfassende Schöpferkraft auf meine Gedanken antworten wird. Sie zeigt mir schon jetzt, wo ich meine Arbeitskraft einsetzen kann. Ich kenne meine Begabungen. Ich bekomme ein gutes Gehalt. Ich weiß, daß die Idee eines Arbeitsplatzes und ihre Verwirklichung im göttlichen Geiste eins sind. Ich folge seiner Führung.«

Zwei Wochen, nachdem er mit diesem Experiment begonnen hatte, unterschrieb er einen Arbeitsvertrag mit einer Firma.«

Das Auto gewann er nach demselben Modell in einer Tombola, an das Geld kam er durch die baldige Heirat mit einer reichen Witwe.

Die Behauptung von der Gesetzmäßigkeit des Zufalls, wenn man nur will (Muster: vom Tellerwäscher zum Millionär; wer Arbeit haben will, der kriegt auch welche), wird durch Zitate der o. g. Herrschaften und allerlei Geschichten aus dem Leben belegt.

2. (ACHTUNG, jetzt kommt die Geldmaschine): Für 900 DM kann man das in 12 Bänden, DIN A 4, 1000 Seiten, alles nachlesen. Alle 14 Tage erhält der Verunsicherte einen Band des Weltwerkes: bep – Bewußtseinserweiterungsprogramm. Mit Persönlichkeitsstruktur-Test, einem Hellseh- und Telepathie-Test mit Übungsaufgaben, die ausgewertet und zurückgeschickt werden. Alles inklusive. Und weit billiger als jedes Manager-Seminar.

3. Die Geldmaschine kommt aber erst richtig auf Touren, wenn man es schafft, eine Vertretergeneration heranzuziehen, die in allen deutschen Städten das schwere Werk der Weiterverbreitung übernimmt und an jedem Band verkauften Weltwissens selbst verdient: lebendes Beispiel für die bisher erfolglosen Teilnehmer an den Wissens-Workshops, daß an der Theorie was dran sein muß. Wenn man nur glaubt.

Die Methode ist schon vielhundert Jahre alt: »Wenn das Geld im Kasten klingt, die Seele in den Himmel springt!« Damit hat ein Papst schon mal den Petersdom gebaut. Ganz locker.

An der Methode ist also nichts Strafbares. Auch wenn Herr Ament einmal wegen Verdachts, er arbeite mit dem verbotenen „Schneeballsystem", erfolglos verklagt wurde. Seit neuestem soll die Staatsanwaltschaft in Frankfurt sich trotzdem wieder Gedanken machen. Also: –bep– gibt es immer noch. Und es kann immer wieder neu erfunden werden.

Bei Unklarheiten bezüglich der Pfändbarkeit müssen die Gerichte bestimmen, daß der Nahrungsmittelbedarf (ist Kaviar ein Nahrungsmittel?) für vier Wochen (oder ein entsprechender Gegenwert) ebenso unpfändbar ist wie ein Gartenzaun oder der Sahnespender einer Ausflugsgaststätte. Es muß auch immer wieder festgelegt werden, was denn zu der dem Schuldner auferlegten bescheidenen Lebensführung gehört. Ein Staubsauger natürlich. Wenn er aber mit Elektroteppichbürste versehen ist und 761 DM kostet, dann kann er gepfändet werden (AG Jülich, Aktenzeichen: 7M 1721/82).

Die Rechtsprechung verändert sich entsprechend den veränderten

Lebensbedingungen: Zum Beispiel galt in den sechziger Jahren ein Fernsehgerät noch als pfändbarer Luxus, wenn durch ein Radio die Informationsmöglichkeiten abgedeckt waren. 1973 zählten Schwarzweiß-Fernsehgeräte schon zum unpfändbaren bescheidenen Lebenswandel eines Schuldners, und 1980 entschied das Amtsgericht München, daß auch hochverschuldete Mitmenschen Anspruch auf Geräte haben, die der Unterhaltung und Erholung dienen, und hat damit Farbfernseher überhaupt unpfändbar gemacht. (AG München, Deutsche Gerichtsvollzieher-Zeitung 1981, 94)

Nicht einmal ein Privatauto kann gepfändet werden, wenn es dem Gericht unzeitgemäß erscheint, daß der Schuldner die 11 km entfernte Arbeitsstätte zu Fuß erreichen soll. (14 W 253/83 OLG Hamm)

Hätte Alois irgendwo noch ein altes Hochseekabel herumliegen, er hätte es liegenlassen können, denn Hochseekabel sind natürlich auch unpfändbar (§ 31, Kabelpfandgesetz). Und die Kabel der Post gehören sowieso der Post.

Es darf auch nicht gepfändet werden, »wenn der Erlös im Vergleich zum Wert außer Verhältnis steht«. Etwa sind teure Maßanzüge trotzdem unverkäuflich. Küchengeräte wie etwa der zusätzliche Mikrowellenherd sind auch nur reichlich unter Wert loszuschlagen!

Wenn man, wie geschehen, »17 Leasingverträge mit seitenlangen Verzeichnissen« vorlegen kann, dann hat alles seine Richtigkeit, und der Gerichtsvollzieher wird sich beschämt zurückziehen. Es kann natürlich sein, daß sich jetzt der Gläubiger mit 17 Leasing-Gesellschaften anlegen will. Ob er das tut? Allein der Briefverkehr!

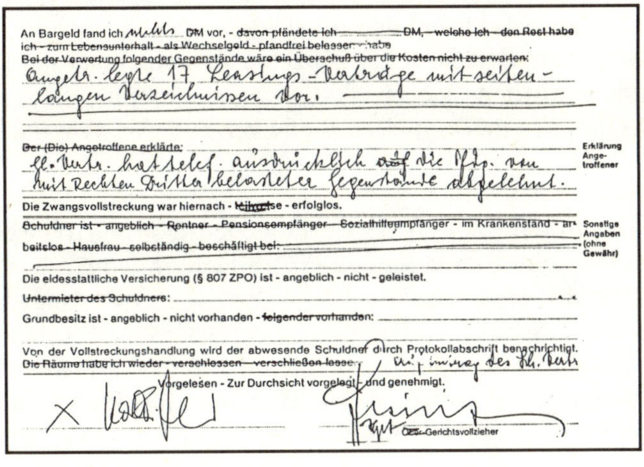

An Bargeld fand ich nichts DM vor, - ~~davon pfändete ich ... DM, - welche ich - den Rest habe ich - zum Lebensunterhalt - als Wechselgeld - pfandfrei belassen - habe~~

~~Bei der Verwertung folgender Gegenstände wäre ein Überschuß über die Kosten nicht zu erwarten:~~

Angetr. legte 17 Leasings-Verträge mit seiten-langen Verzeichnissen vor.

~~Der (Die) Angetroffene erklärte:~~ — Erklärung Angetroffener

Gl.-Vertr. hat telef. ausdrücklich ~~auf~~ die Pfdg. von mit Rechten Dritter belasteter Gegenstände abgelehnt.

Die Zwangsvollstreckung war hiernach - ~~teilweise~~ - erfolglos.

~~Schuldner ist - angeblich - Rentner - Pensionsempfänger - Sozialhilfeempfänger - im Krankenstand - arbeitslos - Hausfrau - selbständig - beschäftigt bei:~~ — Sonstige Angaben (ohne Gewähr)

Die eidesstattliche Versicherung (§ 807 ZPO) ist - angeblich - nicht - geleistet.

~~Untermieter des Schuldners:~~

Grundbesitz ist - angeblich - nicht vorhanden - ~~folgender vorhanden:~~

Von der Vollstreckungshandlung wird der abwesende Schuldner durch Protokollabschrift benachrichtigt.

~~Die Räume habe ich wieder - verschlossen - verschließen lasse.~~ [illegible] des Gl. Vertr.

Vorgelesen - Zur Durchsicht vorgelegt - und genehmigt.

~~OGV~~ Gerichtsvollzieher

BERNIE RÄT:

Es kann sich lohnen, gegen die Pfändung zu klagen.
Die Aussicht auf Erfolg prüft entweder das Gericht, wenn man Prozeßkostenhilfe beantragt, oder ein Anwalt, um dessen Gebühren man sich keine Sorgen machen muß, wenn man eine Rechtsschutzversicherung hat oder sicher sein kann zu gewinnen. Wofür man wiederum einen Anwalt braucht, der Bescheid weiß.

Kosten tun sie alle dasselbe, nur unterschiedlich gut sind sie.

(Wie finde ich einen Anwalt? Mal nachlesen in: Benno Heussen, So gewinnt man Prozesse, Heyne-Verlag, Kompaktwissen Nr. 129, S. 21 ff)

Indessen versucht sich der Gerichtsvollzieher von dem ewig kläffenden Hund von Alois und Agnes zu befreien, der ihn immerzu umspringt, als wolle er mit. Aber er ist leider nichts wert. Selbst wenn er es wäre, nämlich mehr als 500 DM, würde der Gerichtsvollzieher ihn nicht mitnehmen wollen, denn der Gläubiger müßte für die Verpflegung des möglichen Rassehundes mit Stammbaum bis zur Versteigerung aufkommen. Das wollen Gläubiger selten. Und selbst dann gibt es noch eine Unsicherheit: Ist der Rassehund die einzige »Bezugsperson« einer Rentnerin, so befand das Landgericht Heilbronn eines Tages, dann sei die Pfändung ein Verstoß gegen die guten Sitten. (1 T 270/79 II) Bei Rassepferden ist das möglicherweise anders. Und der Gerichtsvollzieher darf vollständig alleine entscheiden, was er mit dem Kuckuck versieht und was nicht.

Übrigens klebt der Gerichtsvollzieher den Kuckuck dem Stammbaumpudel natürlich nicht ins Fell, sondern dorthin, wo dessen »Lebensmittelpunkt« im doppelten Sinne vermutet werden darf: an den Freßnapf.

Aber manches hat man vielleicht nicht richtig im Griff, weil immer vor Augen. So ging es mit dem alten Ölbild über dem Sofa, das selbst natürlich nicht gepfändet werden kann, weil zum angemessenen Überleben des Schuldners gehörig. Der Gerichtsvollzieher schätzt, daß das untergehende Schiff doch wohl 200 DM erbringen könnte, und klebt den Kuckuck drauf. Nicht mitten drauf, denn das würde den Anblick verschandeln, und das darf der Gerichtsvollzieher nicht.

Der Kuckuck muß zwar sichtbar sein, darf aber nicht die Nutzung beeinträchtigen. Also klebt das weiße Zettelchen (auf das früher der Reichsadler gedruckt war, daher Kuckuck) auf den Seitenrand des goldenen Rahmens. Er „verstrickt" also, wie die Gerichtssprache sagt, was Vater Alois übersehen hatte anzubinden oder zu bunkern.

Alois darf das Bild jetzt nur noch in der Wohnung umhängen, aber nicht aus ihr entfernen oder sonst etwas damit anstellen, wenn er nicht »Verstrickungsbruch« begehen will, der strafbar ist. (Geld oder Haft § 136 StGB.) Sogar nur die Zerstörung des Pfandsiegels, das Kratzen am Kuckuck also, sowie natürlich die Zerstörung der Gegenstände selbst (Vollstreckungsvereitelung) fallen unter Strafe.

Im übrigen erspart es dem Gerichtsvollzieher Arbeit, offensichtlich wertvolle Gegenstände zunächst zu pfänden. Nicht selten begnügt er sich damit, einen solchen Gegenstand mitzunehmen, statt weiter umständlich nach dem Schmuck der Mutter zu suchen, und erklärt den Rest der Gegenstände für unpfändbar. Darüber jedenfalls ärgern sich die meisten Gläubiger und können herzlich wenig dagegen machen. Am besten, man verhält sich so wie im New Yorker Central Park: 10 Dollar einstecken. Kommt der zu erwartende Überfall, das Geld rausrücken und gleichzeitig mit leeren Taschen wedeln. Es schadet also nichts, wenn der Gerichtsvollzieher etwas pfändet, das man leicht verschmerzen kann. Vielleicht ist damit sein Appetit gestillt. Bei Alois war er ja auch mit dem Ölschinken zufrieden. Zwangsläufig.

Jetzt schreibt Gerichtsvollzieher Wilfried Wolf das Pfändungsprotokoll (hätte er nichts gefunden, hieße das Dokument: Pfandabstandsprotokoll).

Alois unterschreibt. Und ist damit vor weiteren Pfändungen erst einmal sicher. Die Sache ist bis zur Versteigerung erledigt.

Ganz nebenbei (und daher gefährlich) **fragt** der Gerichtsvollzieher **nach dem Arbeitgeber** zum Beispiel, worauf Alois, der den Arbeitgeber gewechselt hat, um der Kurzarbeit zu entkommen, ihm nicht antwortet. **Er muß nämlich nicht.** Er darf auch lügen: den alten Arbeitgeber nennen. Nicht antworten und Lügen ist erst beim Offenbarungseid strafbar. Vorher ist Lügen menschlich.

Der Gerichtsvollzieher hat seine Schuldigkeit getan, er geht.

Und Familie Hempel macht sich einen schönen Nachmittag und geht in einem Nobelhotel essen. (Dabei darf allerdings der Staatsanwalt nicht zuschauen: § 283 StGB.) Denn der Gerichtsvollzieher muß soviel Bargeld im Hause lassen, daß es für vier Wochen zum Überleben reicht. Das ist der »pfandfreie Betrag«, der beim 1 700-DM-Netto-Lohn von Vater Alois immerhin DM 1 396 ausmacht. (§ 811 ZPO, Ziff. 2 und Ziff. 8)

Inzwischen hat Gerichtsvollzieher Wilfried Wolf, der den Weg ja inzwischen kennt, alle Informationen und Dokumente beisammen, um wieder einmal bei Planlos International, Inhaber Hans Hempel, wohnhaft bei Marlene Mayer, zu klingeln.

Niemand hindert ihn am Betreten der Wohnung. Denn dies ließ sich trotz der Tatsache, daß die Wohnung **wohngemeinschaftlich** genutzt wird, von Marlene nicht durchsetzen. Sie kann die Zwangsvollstreckung nicht verhindern (LG Hamburg 17 T 151/84). Nur: Herr Wolf darf die **eindeutig** von **Marlene bewohnten Räume nicht betreten.** Geschweige denn in dem gemeinschaftlich genutzten Wohnraum wahllos den Kuckuck kleben. Es muß allerdings nachgewiesen werden, wem was gehört.

Der GV darf auch den Flur durchschreiten, einen Blick in die Küche werfen. Aber da wird's schon schwierig: Wenn Marlene erklärt, sie habe die Wohnung immer schon besessen und Hans bei sich einziehen lassen (was sie am einfachsten durch Vorlage des Mietvertrages belegt), dann wird Wilfried Wolf in aller Regel in der Küche nichts pfänden und es Druck-Optimal überlassen, ob sie hier nachbohren wollen. Stehen irgendwo – im Flur – Skier herum, die offensichtlich Hans gehören, dann darf da der Kuckuck prangen – aber alte Skier haben sowieso keinen Handelswert.

Am **einfachsten** ist es, wenn **alles** in der Wohnung **Marlene gehört.** Das geht dann, wenn sie früher einmal Hans ein Darlehen gegeben hat unter der Bedingung, daß er ihr alle (pfändbaren) Gegenstände abtritt. Wie das geht, haben wir ja oben schon gehört (Kapitel Sicherungsübereignung).

Mit Verträgen, das haben wir schon gesehen, geht vieles einfacher:

Tatsächlich steht in dem Vertrag auch nur die 6 000 DM teure Stereoanlage, die wegzuschaffen auf unbestimmte Zeit Hans keine Lust hatte. Der Golf, dessen Schlüssel der Gerichtsvollzieher auf dem

Schreibtisch von Hans liegen sieht, kann nicht gepfändet werden, weil er der Leasing-Firma gehört.

(Umgekehrt könnte einem passieren, daß der Gerichtsvollzieher den geleasten Pkw abholt, wenn die Leasing-Firma pleite macht.)

Der Gerichtsvollzieher entdeckt im Kleiderschrank von Hans einen von ihm auf 3 000 DM Neuwert geschätzten Ledermantel, der 1 000 bis 1 500 DM bei der Versteigerung bringen könnte. Aber er muß seufzend Abstand nehmen, denn da es der einzige Mantel ist, müßte er durch winterfeste Kaufhausware, die der Gläubiger zu beschaffen hätte, ersetzt werden. So könnte auch mit der hochkarätigen Rolex-Uhr verfahren werden, für die Hans dann eine Swatch anzubieten wäre, bevor der Gerichtsvollzieher das gepfändete Stück mitnimmt. Gläubiger machen sich kaum noch die Mühe, beim heutigen durchschnittlichen Lebensstandard die sogenannte **Austauschpfändung** (§ 811 a/b ZPO) zu beantragen. Diese ist möglich bei den sonst unpfändbaren Sachen des persönlichen Gebrauchs oder Haushaltsgegenständen bzw. solchen, die zur Fortsetzung der Erwerbstätigkeit notwendig sind. Der Gläubiger trifft dabei auf zwei Probleme:

Er muß einen Ersatzgegenstand anbieten (also selbst noch einmal Geld ausgeben), und zweitens ist der Unterschied zwischen teuren und preiswerten Gegenständen der täglichen Lebensbewältigung nur noch bei massiv goldenen Schuhlöffeln sehr hoch. Und wer solche Gegenstände besitzt, weiß selbst, daß er sie noch auf andere Weise sichern kann. Daß Austauschpfändung kaum noch stattfindet, sieht man daran, daß seit 1955 keine Urteile mehr zu diesem Paragraphen veröffentlicht worden sind.

Im Zimmer von Hans steht nun der Personal-Computer. Aber da beißt der Gerichtsvollzieher auf Silikon, denn der **Computer** ist für einen Programmierer ein **Arbeitswerkzeug** und daher **unpfändbar.** Ausnahme: wenn Hans den Kredit ausschließlich für den Ankauf des Computers bei der Bank aufgenommen hätte und sich diese das Gerät hätte sicherungsübereignen lassen bzw. im Kreditvertrag einen Eigentumsvorbehalt angemeldet hätte. So wie dies oft bei Autokrediten geschieht, wo die Bank den Kfz-Brief einbehält. Da kann sogar das als Arbeitsmittel unerläßliche Auto des Bäckers oder des Vertreters eingezogen werden: aber **nur von der Bank,** nicht von einem anderen Gläubiger.

Was als »zur Fortsetzung der Erwerbstätigkeit erforderlicher Gegenstand« gilt, wird ebenfalls von Gerichten immer dann wieder neu formuliert, wenn Schuldner, die »durch ihre persönliche Leistung, einerlei welcher Art, als Kopf- oder Handarbeiter ihren Erwerb finden« gegen die Pfändung ihrer Arbeitsmittel klagen. Oder »weil sie es einfach nicht einsehen« und Verstrickungsbruch begehen. So eine Prostituierte aus Bonn, deren aufwendiges Bett – ganz deutlich ein Arbeitsmittel – gepfändet wurde. Sie setzte sich mit ihrem Bett nach Holland ab, statt sich einen Anwalt zu leisten. Sie hätte gute Chancen gehabt. Denn wie heißt es im Kommentar zu dem § 811, Nr. 5: Künstler jeder Art (z. B. Architekten, Musiker, Photographen), Zahntechniker (ja auch die sind vor dem Gesetz Künstler), Gelehrte und Schriftsteller, selbst wenn sie sich eines Mitarbeiters bedienen, gehören zu den erwähnten Hand- und Kopfarbeitern. Dem Photographen muß die Kameraausrüstung bleiben, dem Schriftsteller die Schreibmaschine. Und der Prostituierten das Bett. Da aber die Dame Verstrickungsbruch beging, indem sie samt Bett verschwand, wurde sie bestraft: 4 500 DM.

BERNIE HEMPEL PACKT AUS:

Besonders beeindruckend machte es Theo Wildbach, ein seit Jahren im Schuldenmachen erfahrener Kapitalanlagevermittler: Er war vor Jahren einmal einem Betrüger aufgesessen, der ihm für DM 50 000 ein Gemälde Holländischer Schule (1620) verkauft hatte, mit Expertise natürlich, in der der Kaufpreis auch wirklich ausgewiesen war.

Als 1978 das erstemal der Gerichtsvollzieher kam, stürzte er sich geiergleich auf das wertvolle Gemälde und versuchte es zu versteigern. Den Zuschlag hätte das Gericht aber nur erteilen dürfen, wenn mindestens DM 25 000 geboten worden wären (§ 817 a ZPO). Ein solcher Dummer fand sich nicht und also schrieb das Gericht dem Gläubiger: Entweder du kaufst das Bild selbst für 25 000 oder du zahlst die Lagerkosten, oder du hebst die Pfändung auf. Das tat der schlaue Gläubiger. Schuldner Wildbach zog um mit seinem Gemälde und freute sich auf den nächsten Gerichtsvollzieher. Denn von der Pfändung bis zum ersten Versteigerungsversuch und den nachfolgenden Verhandlungen über den wirklichen Wert des Bildes vergehen natürlich viele friedliche Monate.

Außer Tisch, Bett, Stuhl konnte der Gerichtsvollzieher bei Hans sonst nichts finden, worauf ein Kuckuck halten würde. Alles unpfändbare Sachen. Zu diesen zählen natürlich auch noch alle Gegenstände, die per Gesetz nicht veräußert werden dürfen, selbst wenn viel dafür bezahlt würde, also z. B. Leichen oder der Kölner Dom »res extra comercium«, gesundheitsschädliche Lebensmittel, Haschisch oder Kokain.

BERNIE RÄT:

Vorsicht bei unklaren Besitzverhältnissen.

Wenn etwa bei Hans im Zimmer noch drei russische Ikonen hängen, die ihm zwar gläubig bei der Arbeit zuschauen, aber einem Freund von Marlene gehören, der sie immer abholen wollte, wenn er endlich umgezogen wäre, aber das sagt er schon seit drei Monaten. Hier würde Herr Wolf pfänden. Und der Freund hätte einige Mühe, mittels Klage wieder an seine Bilder zu kommen. (Es reicht allerdings eine eidesstattliche Erklärung). Er müßte dann einen Titel auf Herausgabe der Kunstschätze gegen den Gläubiger von Hans erwerben, Druck-Optimal. Sein Eigentum beweist er durch Zeugen, die wissen, daß ihm die Ikonen gehören, am besten durch Marlene, die es ja wissen muß.

Der Gerichtsvollzieher schreibt also das Pfandabstandsprotokoll. und zieht sich freundlich zurück. Überhaupt sind Gerichtsvollzieher gewöhnlich sehr angenehme Menschen, die ihre Schuldner mit der Zeit kennen und sehr persönlich mit ihnen umgehen (natürlich kein Schnaps im Dienst). Das veranlaßt manche Gläubiger, ihnen besonders genaue Hinweise zu geben, welche Gegenstände sie pfänden sollen, falls sie von solchen Gegenständen Kenntnis haben. Etwa: »Schauen Sie hinter dem Bild mit dem ›Sterbenden Schwan‹ nach, da ist ein Tresor.« Tatsächlich darf der Gerichtsvollzieher, sogar mit Schlosser bewaffnet, den Tresor öffnen lassen und alles Wertvolle außer Familienpapieren erst mit dem Pfandsiegel versehen und dann nach geeigneter Frist mitgehen lassen.

Solche Informationen führen dazu, darüber nachzudenken, wie wenig der Gläubiger von einem wissen sollte. Möglichst nichts. Und nur soviel, wie der Schuldner zuläßt. Das wird er tun, wenn ihm daran gelegen ist, den Gläubiger bei Laune zu halten, was ja auch mal vorkommen kann, wenn man weitere Geschäfte mit ihm tätigen will oder ihn einfach öfter trifft und die Atmosphäre nicht zu garstig werden soll.

Übrigens darf auch der Gerichtsvollzieher keine weiteren Mitteilungen machen, vor allem nicht übel nachreden. (Also die Hempels sind bis über beide Ohren verschuldet, sage ich Ihnen – und wie es bei denen aussieht: unter dem Sofa und so.) Hier darf sich der Schuldner sein Recht nehmen und klagen. Das verzögerte zwar den gesamten Prozeß, kommt aber praktisch kaum vor, denn auch ein Gerichtsvollzieher hat seine Ehre. Eher ist der Fall umgekehrt, daß der Schuldner den Gerichtsvollzieher beleidigt oder mit Gewalt am Betreten der Wohnung hindern will, trotz eines Durchsuchungsbefehls. Dann haben wir allerdings schon Widerstand gegen die Staatsgewalt (§ 113 StGB). Das tut nicht not. Denn es ändert nichts. Unser **Ziel** ist es ja, möglichst **Zeit zu gewinnen,** nicht Gerichtsvollzieher zu verprügeln. Aber nett wäre es vielleicht, sich beim Besuch des GV zu »vermummen«. Denn Maskerade ist nur im Zusammenhang mit Demonstrationen auf öffentlichen Straßen strafbar (Vorsicht beim Karneval!), solange der Herr Innenminister dies wünscht. Und es verwirrt den GV. Ändern tut es allerdings auch nichts.

Nach dieser Episode kann Hans, der seinen neuen Auftrag für Data-Schlau, die Datenbank-Rasterfahndung, erledigt hat und sich das Geld bar auszahlen ließ, wieder in die Zukunft schauen. Er richtet sich das Nummernkonto ein, und zwar bei österreichischen Banken in den »Deutschen Zollanschlußgebieten« Kleines Walsertal und Jungholz. Die Österreicher lassen anonyme Konten zu und sind diskret, damit das Geld sich mehre. Mal anrufen bei der Raiffeisenbank in D-8965 Jungholz 0 83 65/81 38.

Oder Hans zahlt auf ein Konto von Marlene Mayer ein.

So leben Marlene und Hans denn in Frieden, bis die Aufforderung zur Offenbarungsversicherung auf ihn zukommt. Da muß man seine Konten natürlich nennen.

Die Versteigerung

Der Termin der Versteigerung darf nicht früher als zwei und nicht später als vier Wochen nach der Pfändung stattfinden, bei gepfändeten Pfirsichladungen (leicht verderbliche Güter) sogar früher: Wenn der Gläubiger das Bild überhaupt versteigern lassen will, denn ihm könnte der Erlös zu gering erscheinen, oder er hofft, über die Offenbarungsversicherung an die versteckten Gegenstände heranzukommen. Und vor allem an flüssige Mittel, auf die man keine Kuckucks kleben kann: Geldforderungen, die Alois seinerseits hat. Aber über die sogenannte **Forderungspfändung** lesen wir auf S. 142.

Da bei der Versteigerung die **Hälfte des marktüblichen Wertes** als das Mindestangebot angesetzt wird, darf der Gerichtsvollzieher **Gegenstände** im **doppelten Wert** der Schuld mit dem Pfandsiegel versehen, wenn er soviel findet. Mit anderen Worten: auf öffentlichen Versteigerungen kann man manches gute Stück preiswert erwerben.

BERNIE RÄT:

Laßt Freunde mitsteigern. Sie erwerben preiswert das geliebte Ölbild und hängen es Vater Alois wieder übers gewohnte Sofa. Damit ist es ein für allemal geschützt. Alois selbst kann natürlich nicht mitsteigern, denn dann würde ihm ja das Bild wieder gehören und könnte vom Gerichtsvollzieher auch wieder abgehängt werden.

Bis zum fälligen Termin für die Offenbarungsversicherung ist nun zwischen acht Wochen und sechs Monaten wieder Ruhe. Vater Alois, der nur die Raten für das Auto von Großvater Josef zahlt, kann in satter Zufriedenheit einen Video-Film einlegen und die nächste Flasche Bier öffnen. Genehmigt er sich jedoch Veuve Cliquot, darf er keinen Staatsanwalt zum Mitsaufen einladen.

CHECKLISTE:

— Den § 811 ZPO schon studiert mit ernsthaftem Bemühen und alles verstanden? Was unter den gütigen Schutz dieses freundlichen Paragraphen fällt, darf in der wärmenden Wohnung bleiben.
— Wäre trotzdem ein Künstlername anzubringen?
— Oder vielleicht eine Wohngemeinschaft gründen: die gemeinsame Waschmaschine kann nicht mal anteilig gepfändet werden: son-

dern nur der »Auseinandersetzungsanspruch«. Aber das macht ja keiner.

— Oder ist man fürchterlich krank, braucht eine Kur und muß sich nur noch das Attest besorgen?

— Der erste Besuch des Gerichtsvollziehers ist immer vergeblich und fast umsonst. Ohne Durchsuchungsbefehl darf er nicht in die Wohnung, und kosten tut das Ganze nur das Wegegeld, denn die Gebühr erhöht sich nicht.

— Habe ich für den Auftritt des GV alles gut vorbereitet, oder, wenn es gar nicht anders geht, z. B. einen kleinen entbehrlichen Wertgegenstand so effektvoll drapiert, daß der Gerichtsvollzieher alles andere für weniger wichtig hält (er ist ja froh, wenn er was findet) und das ersehnte Pfandabstandsprotokoll schreibt?

— Bin ich mit dem Besuch des GV unzufrieden? Weil er Dinge mitgenommen hat, die ich um alles in der Welt behalten will? Auf zum Anwalt, der einem zu den mäßigen Honoraren des Armenrechts (Prozeßkostenhilfe) schon sagen wird, was rechtens ist. Daß man arm ist, beweist übrigens schon die Pfändung.

— Ist gepfändet worden, was mir nicht gehört: Besitzer benachrichtigen, damit er gegen den Gläubiger klagen kann.

— Wenn versteigert wird: die Freunde zum Mitbieten mobilisieren. Sie leihen einem das verlorene Eigentum doch auf länger, oder?

— Nicht vergessen. Das Pfandabstandsprotokoll ist eine wirksame Sicherungsmaßnahme gegen andere, vielleicht viel schrecklichere Gläubiger. Denen teilt der GV nämlich stereotyp mit: »Bei Hans Hempel ist vor kurzem fruchtlos gepfändet worden.« Dann ist erst mal Ruhe.

Offenbarungsversicherung und Forderungspfändung

Der Autobank ist ebenso klar wie der Firma Druck-Optimal, daß sie mit den bisherigen Mitteln nicht an ihr Geld kommen werden. Nun bietet das bürgerliche Recht eine letzte Chance – allerdings auch für unsere beiden Schuldner: die Offenbarungsversicherung (OV), früher auch unter dem Namen Offenbarungseid bekannt. Das Ziel ist, die wirklichen Vermögensverhältnisse des Schuldners mit dem Licht der Wahrheit auszuleuchten und dadurch sein Geld in den Griff zu bekommen.

Insbesondere sollen die Forderungen, die der Schuldner an andere hat, der Schuldner also in seiner Eigenschaft als Gläubiger, bekannt werden. Natürlich können und werden solche Forderungen auch schon vor der OV gepfändet, aber da sie besser versteckt werden können als ein Eichenschrank aus dem 16. Jahrhundert oder die Haushaltskasse, hofft der Gläubiger auf neue Erkenntnisse durch die eidesstattliche Aussage.

Auch die dem Gerichtsvollzieher bei der Sachpfändung unbekannt gebliebenen Wertgegenstände, Grundstücke und Aktien, Kontostände und versteckten Besitztümer sollen jetzt ans Licht der Öffentlichkeit gezerrt und damit pfändbar werden.

Das gesamte Verfahren soll den Schuldner unter Druck setzen. Auf dreierlei Weise:

- Am Ende der OV werden Hans und Alois in der »Schwarzen Liste« stehen, dem Schuldnerverzeichnis des Amtsgerichts (§ 915 ZPO). Ihre Kreditunwürdigkeit ist amtlicherseits bestätigt und – im Gegensatz zur Schufa – für jedermann erkennbar, denn das Verzeichnis liegt öffentlich aus, wenn auch nur bei dem Gericht, das die OV abgenommen hat. Bei anderen Gerichten hat man eine weiße Weste.
- Zweitens muß der Schuldner unter Eid aussagen, d. h. alle bisherigen Versteckspiele aufgeben, da Meineid strafbar ist (§ 156 StGB).
- Die dritte Bedrängnis ist, daß unter anderem auch erkennbar werden kann, ob der Schuldner sich früher strafbar gemacht hat.

Also ob er Vermögen ohne Gegenleistung aus der Hand gegeben hat. Das ist, wie wir ja wissen, strafbar und gibt dem Gläubiger die Möglichkeit, von dem Dritten die Rückerstattung zu verlangen.

Dabei kann sogar offenbar werden, ob der Schuldner einen Eingehungsbetrug begangen hat, d. h., ob er wußte, daß er den Kredit bei Aufnahme desselben gar nicht zurückzahlen konnte oder, noch schlimmer, nie zurückzahlen wollte.

Damit nicht jeder Schuldner sofort unter den Eid geschleppt werden kann, ist die Voraussetzung für die Befriedigung der Gläubigerneugier allerdings der Nachweis, daß weder Alois noch Hans pfändbare Habe vorzuweisen hatten. Das Pfandabstandsprotokoll muß vorliegen, die Versteigerung abgeschlossen sein. Der Gerichtsvollzieher muß alle seine Möglichkeiten auch wirklich ausgeschöpft haben. Hat er zum Beispiel in der Privatwohnung von Hans nichts zu pfänden gefunden, aber war noch nicht in seinem inzwischen angemieteten Computerbüro, könnte Hans sich mit dem Hinweis noch einmal der OV entziehen. Natürlich tut er gut daran, die dort angesammelten Werte, soweit rechtlich zulässig, zu sichern (siehe Kapitel »In guten Zeiten Werte sichern«).

Zwischen dem Pfandabstandsprotokoll und dem Antrag des Gläubigers zur Offenbarungsversicherung (§ 900, Abs. 1, ZPO) dürfen bis zu sechs Monaten Zeit liegen (danach muß der Gläubiger ausreichend begründen, warum er so lange gewartet hat). Mindestens müssen aber je nach Einspruchsfristen und Verwaltungsproblemen beim Gläubiger und bei Gericht noch einmal vier Wochen Zeit gerechnet werden, ehe die Ladung zur eidesstattlichen Versicherung vom Amtsgericht (bzw. Landgericht) zugestellt wird. Dann wäre der Herbst schon fast vorbei, Anfang **November** wäre ein früher Termin.

Mit der Ladung zum Termin erhält der Schuldner ein umfangreiches Formular zugestellt – das Vermögensverzeichnis –, mit dem er drei Tage später bei Gericht zu erscheinen hat. So kurz ist die Frist, um die 34 Fragen »nach bestem Wissen und Gewissen richtig und vollständig« zu beantworten. Um die Zeit der Gewissenserforschung zu verlängern oder sein Wissen bzw. die Wirklichkeit auf einen eidfähigen Stand zu bringen, der einen dann nicht weiter beunruhigt, kann sich der gewiefte Schuldner verschiedener Verzögerungstaktiken bedienen.

Die Verzögerung

Durch Nichterscheinen

Einen vielleicht etwas aufwendigen Aufschub bis zu sechs Monaten kann man durch einfaches Nichterscheinen erreichen. Als Alois das Formular durchblättert, in das er seine gesamten Vermögensverhältnisse eintragen soll, ist er so ärgerlich, daß er zunächst beschließt: »Da geh ich überhaupt erst gar nicht hin!«

Wenn Vater Alois seine Ankündigung wirklich wahr macht, dann wird der **Rechtspfleger** die Akten dem **Richter** vorlegen. Der füllt dann ein scheußliches rotes Formular aus, auf dem das unangenehme Wort »Haftbefehl« steht. Das Formular geht an den **Gläubiger,** der es an den **Gerichtsvollzieher** weiterleitet. Der nun würde bei Alois erscheinen (notfalls mit der **Polizei**), um denselben ins nächstschlechte Gefängnis zu überführen.

Vorsicht: Zellen frei!

In den Knästen sind wieder Zellen frei. Von den 4.300 Plätzen in den Haftanstalten sind gegenwärtig nach Angaben von Justizsenator Scholz nur 3.900 belegt. Noch im vergangenen Jahr mußten verurteilte Straftäter wegen akuter Raumnot auf den Haftantritt warten. Inzwischen sei die Zahl der sogenannten offenen Vollstreckungen von rund 8.500 Anfang 1984 auf etwa 650 gesunken, so Scholz. *dpa*

BERNIE RÄT:

Gefängnis ist gut, wenn Winter ist, man seine Wohnung ohnehin gekündigt hat und wenigstens einmal im Leben einen Knast von innen sehen will.

Dazu kommt das Gefühl der Genugtuung, daß der Gläubiger für Kost und Logis aufkommen muß (DM 8,– pro Tag), wenigstens zunächst, denn das kommt natürlich alles auf des Schuldners Rechnung.

Man kann das Gefängnis auch sofort wieder verlassen, wenn man die eidesstattliche Versicherung abgeben will, aber länger als ein halbes Jahr behalten sie einen leider nicht da.

Wer seine Vermögensverhältnisse nicht angeben will und deutsche Justizvollzugsanstalten nicht von innen studieren möchte, kann sich natürlich rechtzeitig der Verhaftung entziehen, denn der Haftanordnungsbeschluß muß vorher von Amts wegen zugestellt werden, damit der Schuldner die ihm zustehenden zwei Wochen Frist wahren kann, um Beschwerde einzulegen. In jedem Fall hilft die Verzögerung bei den **Anfechtungsrisiken** – ein Spezialthema für Anwälte.

Wer statt dessen wirklich weg will, muß aber dann schon für dreißig Jahre wegtauchen bzw. Geld genug für die immer wieder erwähnten Bahamas haben. Ein Haftbefehl wird, wenn er nicht vollstreckt werden kann, aus verfassungsrechtlichen Gründen nach drei bis fünf Jahren wirkungslos (LG Würzburg, Rechtspfleger 1980, S. 228). Aber das nützt natürlich nur was, wenn der Gläubiger irgendwann keine Lust mehr hat zu checken, ob und wo der Schuldner wieder aufgetaucht ist. Ein neuer Haftbefehl kann unverzüglich wieder beantragt werden.

BERNIE HEMPEL PACKT AUS:

Das mit dem Untertauchen ist so 'ne Sache. Kollege Garski aus Berlin zum Beispiel hat es – nachdem ihm für 1 Million DM (die muß man erst mal haben!) nach einem halben Jahr U-Haft Verschonung gewährt wurde – immerhin über zwei Jahre geschafft. Dann wurde er auf der Antilleninsel St. Martin in seiner eigenen frisch gebauten Villa festgenommen. Etwas hektisch war die Geschichte schon, ehe er sich in Moabit für etwas länger zur Ruhe setzen konnte: Mal wurde er in USA, mal auf Sylt, in Kanada oder Australien gesehen, dann von deutschen Touristen in der Karibik erkannt. Wegen Paßfälschung (auf die Namen Richter, Dietrich und Gardein) übernachtete er dann einige Zeit in einer der zwölf Gefängniszellen des Inselchens, ehe der Baulöwe wieder in seinen Berliner Käfig kam.

Wie hatte es der gelernte Zimmermann und studierte Ingenieur so weit gebracht? Natürlich mit einer Firma: Bautechnik. Das 300-Mann-Imperium setzte Beton in märkischen und Wüstensand, ließ sich vom CDU-Chef Peter Lorenz für 8 000 DM im Jahr beraten, spendete großzügig der FDP. Im Lions Club war der beliebte Partylöwe natürlich Mitglied. Dort nutzte er dann die Kontakte von Mensch zu Mensch, als es galt, vom Senat verbürgte Kredite für saudische Militärakademien in Höhe von 125 Millionen DM zu erhalten.

Dies zu einem Zeitpunkt, wo er zwar halb pleite, aber »guter Hoffnung« war.

Das war alles völlig o.k. Aber was macht man mit soviel Geld auf einmal? Man gibt es aus. Möglichst selbstverständlich. Teils für das später ins Stocken geratene Projekt, teils als Schmiergeld, um die in dem Ölstaat eigentümlich quietschenden Türen gängig zu halten (55 Millionen DM, 10% der gesamten Bausumme, waren hierfür auf einem Sonderkonto gelagert). Garski selbst soll aber nur 7,1 Millionen fehlverwendet haben: für »örtliche Eigenleistungen« oder »Auffüllung der Baukasse«. Einen 25-Millionen-Nachschlag zu den schon gewährten Krediten erschlich sich der Bau-Meister allerdings durch geschickte Täuschung eines Vor-Ort-Gutachters der Berliner Bank, der die Firma weiterhin für operabel hielt, obwohl nach der Hälfte der Bauzeit erst ein Fünftel des militärischen Betonkomplexes stand.

Naja, der Unternehmer hatte sich verkalkuliert, das kommt vor. Abhauen mußte er, weil er seine Kalkulation kaschiert hatte (fünf bis zehn Jahre Knast stehen da immer im Angebot). Aber – wie uns die Erfahrung lehrt, wird der Leichtsinn der Gläubiger immer von der Strafe abgezogen. Immerhin ist damals eine ganze SPD über den Skandal gestolpert. Und so kann der fröhliche Mann, wenn mich nicht alles täuscht, nach drei Jahren (U-Haft und zwei Drittel Strafe wegen guter Führung abgerechnet) dieser Tage wieder seine freien Füße setzen, wohin ihn sein Geschäftssinn und übriggebliebene, wohlverstaute Millionen ziehen mögen.

Man lerne also: Je leichtgläubiger der Gläubiger, desto besser. Und solcherart Geldgeber erhält man durch menschliche Wärme in feuchtfröhlichem Klima, man läßt einige hochkarätige Geschenke rüberwachsen, erfreut andere mit seinem erdigen Mutterwitz und schönen Reisen in ferne Länder. Dazu gebe man einige Buchungstricks, benutze eine Menge Konten, schmiere sich und anderen die Hände mit raffiniertem Öl (bei bloßem Petroleum macht man sich ja die Finger schmutzig) und habe zur rechten Zeit einen leicht zu bezahlenden Paßbearbeiter zur Hand. Und natürlich muß man flexibel genug sein, Mutters Land und Vaters Sprache für ein paar Jahre zu entbehren. Für die Sprache und andere Sachen kann man sich ja Frau, Freundin oder Lebensgefährtin frühzeitig anwärmen, was mit ausreichend Geld auch nicht so schwer sein dürfte. (Leserinnen dürfen sich das umgekehrt vorstellen, es hapert halt bisher nur an bekannt gewordenen Beispielen.)

Aber überhaupt funktioniert das Ganze nur, wenn der Gläubiger einen Antrag auf Verhaftung stellt. Und da die Haft nicht als Strafe, sondern zur Aussageerzwingung dient im Interesse des Gläubigers (und nicht im Allgemeininteresse), muß er die Handlangerdienste des Staates zunächst auch selbst zahlen und sie dem Schuldner sofort in Rechnung stellen.

Jedoch kommt es kaum vor, daß ein Schuldner, den die Polizei zur OV bittet, diese Chance wirklich in Anspruch nimmt. Schlecht und recht werden die Formulare ausgefüllt. Und damit hat sich's. Allerdings auch für den Gläubiger. Da Alois Hempel natürlich lieber bei sich zu Haus auf dem Sofa von Großvater Josef sitzt und in dessen Fernseher »Tatort« ansieht, verzichtet er auf diese Variante der Verzögerung, die für Abenteuerlustige allerdings ein Tip sein kann. Selbst Hans kann sich für diese Alternative nicht erwärmen: auch er faßt daher den Termin der OV fest ins Auge.

Durch Formularausfüllen

Das Vermögensverzeichnis, das der Schuldner zugestellt bekommt, ist wie alle Formulare unverständlich und kann deswegen ohne Hilfe nicht ausgefüllt werden.

Diese Hilfe ist der Rechtspfleger verpflichtet anzubieten. Das ist der Mann, der im Amtsgericht schon die Stempel unter den Mahnbescheid gemacht hat und der vor dem mündlichen Termin alle Widrigkeiten, die den Fortgang der richterlichen Erkenntnis hemmen, zu beseitigen hat. Damit wir wissen, wie weit wir diese Hilfe auch annehmen und den Ratschlägen folgen sollen, die der Rechtspfleger gibt, schauen wir uns später im Kapitel »Das Vermögensverzeichnis« das Formular etwas genauer an.

BERNIE RÄT:

Am besten läßt man sich beim Ausfüllen des Formulars vom Rechtspfleger helfen, muß dann allerdings dessen Fragen vollständig und nach bestem Wissen und Gewissen beantworten. Dann

Amtsgericht [Auszug] Geschäftsnummer

Zwangsvollstreckungssache ______

Vermögensverzeichnis (Anlage zur Niederschrift vom ______)

Schuldner (Familienname, ggf. Geburtsname, Vorname, Wohnort und genaue Anschrift)	Bitte Merkblatt sorgfältig durchlesen! Zutreffendes ankreuzen [x] oder ausfüllen. Mit Schreibmaschine oder Druckbuchstaben schreiben.

Erlernter Beruf	Zur Zeit ausgeübte Tätigkeit
Geburtsdatum und -ort	Anzahl und Alter der unterhaltsberechtigten Kinder unter 18 Jahren

Familienstand

☐ ledig ☐ verheiratet ☐ verwitwet ☐ geschieden ☐ getrennt lebend

Güterstand

☐ keine besondere Vereinbarung ☐ Gütertrennung ☐ Gütergemeinschaft

Ehevertrag Datum	Notar/Amtsgericht	Güterrechtsregister (Amtsgericht)	Geschäftsnummer GR

A. Bewegliche Sachen (Zu Nr. 1 – 14. Befinden sich Ihnen gehörige Gegenstände z. Zt. nicht in Ihrem Besitz (Gewahrsam), so müssen Sie jeweils hinzufügen, wo sie sich befinden (z. B.. „ausgeliehen an . . .").
Bei Sachen, die Ihnen nicht allein gehören, Mitberechtigten angeben. Unter Eigentumsvorbehalt erworbene, verpfändete, zur Sicherheit übereignete oder gepfändete Sachen sind nur unter Nr. 14 anzuführen.)

1. Bargeld auch ausländisches	☐ nein ☐ ja, und zwar:
2. Wertpapiere (auch Wechsel, Schecks, Pfandbriefe, Lose) Genau bezeichnet!	☐ nein ☐ ja, und zwar:
3. Uhren, Schmuck, Gold und Wertsachen, soweit nicht Nr. 4 (Material und Wert angeben!)	☐ nein ☐ ja, und zwar:
4. Kunstgegenstände, Sammlungen	☐ nein ☐ ja, und zwar:

28. Welche der unter Nr. 16 bis 27 angeführten Ansprüche oder Rechte sind gepfändet oder abgetreten? Gläubiger, Schuldsumme/Abtretungssumme und Schuldgrund/Abtretungsgrund angeben.	☐ nein ☐ ja, und zwar:

29. Ein Erwerbsgeschäft

☐ habe ich nicht.

☐ habe ich im Ergänzungsblatt aufgeführt.

30. Grundvermögen (Grundstücke, Wohnungseigentum oder Teileigentum im Sinne des Wohnungseigentumsgesetzes oder sonstige grundstücksgleiche Rechte, z. B. Erbbaurecht) – und land- und forstwirtschaftliches Vermögen

☐ habe ich nicht.

☐ habe ich im Ergänzungsblatt II aufgeführt.

31. Lebensversicherung oder Sterbekassen

☐ habe ich nicht.

☐ habe ich im Ergänzungsblatt III aufgeführt.

C. **Veräußerungen von Vermögensgegenständen** – auch Forderungen – in der Vergangenheit (siehe Merkblatt!)

32. Haben Sie seit Beginn des letzten Jahres vor dem ersten Termin zur Abgabe der eidesstattlichen Versicherung Vermögensgegenstände an a) Ihren Ehegatten (vor oder während der Ehe) b) Ihre Eltern, Großeltern, Kinder oder Enkel c) die Eltern, Großeltern, Kinder und Enkel Ihres Ehegatten d) Ihre Geschwister und Halbgeschwister e) die Geschwister und Halbgeschwister Ihres Ehegatten f) dem Ehegatten einer der Personen zu b) – e) veräußert?	☐ nein ☐ ja (welche und an wen?)
33. Haben Sie seit Beginn des letzten Jahres vor dem ersten Termin zur Abgabe der eidesstattlichen Versicherung über Vermögensgegenstände unentgeltlich verfügt?	☐ nein ☐ ja (an wen? – zu wessen Gunsten? – welche Vermögensgegenstände?)
34. Haben Sie seit Beginn des vorletzten Jahres vor dem ersten Termin zur Abgabe der eidesstattlichen Versicherung zugunsten Ihres Ehegatten über Vermögensgegenstände unentgeltlich verfügt?	☐ nein ☐ ja (an wen? – welche Vermögensgegenstände?)

Ich habe das Merkblatt für Schuldner im Verfahren zur Abnahme der eidesstattlichen Versicherung erhalten und es beim Ausfüllen des Verzeichnisses beachtet.

(Ort und Tag) (volle Unterschrift des Schuldners)

[Auszug]

läuft man jedenfalls nicht Gefahr, das Verzeichnis zu Haus fahrlässig, falsch oder unvollständig ausgefüllt zu haben.

Wenn trotz der Hilfe des Rechtspflegers das Formular unklar ist, hat der Gläubiger immer die Möglichkeit, eine **Ergänzung der Offenbarungsversicherung** zu beantragen.

Wenn Unklarheiten nicht auf Kosten des Schuldners gehen, weil der es beim besten Willen nicht genauer weiß, und der Gläubiger nicht ergänzend nachfragt, ist er auch selber schuld.

Der Rechtspfleger prüft zunächst, ob das Vermögensverzeichnis **vollständig** ausgefüllt ist. Mit all seiner Übung wird er gleich erkennen, als Alois ihm das Formular vorlegt, daß der Termin nicht einzuhalten ist.

Da fehlt die Nummer des Versicherungsscheins der Lebensversicherung, oder das polizeiliche Kennzeichen des Privatwagens ist nicht erinnerlich (der Schuldner ist mit dem Taxi gekommen, alle Papiere liegen zu Hause).

Ein Grundstück ist mit dem Straßennamen nur sehr ungefähr bezeichnet. Da müßte der gesamte Grundbucheintrag her. Den hat man ohnehin nicht bei sich.

Und welcher Schuldner weiß schon die eigene Kontonummer? Auf dem Konto ist ja sowieso nie was drauf.

Die fehlenden Daten müssen nun erst besorgt werden, der Termin ist also hinfällig. Bis zur nächsten Ladung vergehen selbstverständlich wieder mindestens vier Wochen.

Diese Art Terminverschiebung kann auch ein zweites Mal geschehen (so schusselig können Schuldner sein!). Die Güte (oder Faulheit) des Vollstreckungsgerichts ist ohne Grenzen.

Durch Vertagung

Eine etwas unsichere Möglichkeit ist, den Rechtspfleger um Vertagung bis zu drei Monaten zu bitten (§ 900 IV ZPO). Entspricht der Mann dieser Bitte, dann hat der Gläubiger zwar die Möglichkeit der Anfechtung, jedoch zieht das die Sache nur noch länger hin. Vertagt ist vertagt. Aber sehr gute und belegte Gründe müssen schon her. Alois könnte zum Beispiel nachweisen, daß er jetzt eine neue Arbeit habe mit wesentlich höherem Verdienst. Oder es stünde eine Erbschaft ins Haus, die nur noch nicht ausbezahlt sei. (Ob man dann aus dieser Erbschaft seine Schulden bezahlt, ist ja eine zweite Frage, die man nicht beantworten muß.)

Leere Versprechungen genügen dem Gesetz allerdings nicht. Der Rechtspfleger stellt aber oft nur geringe Anforderungen an die Glaubhaftmachung. Die **Verzögerung** des Verfahrens ist **nicht strafbar.** Wenn es dem Gläubiger zuviel wird, soll er sich mit dem Rechtspfleger streiten.

Will man aber zahlen, so stellt man diesen seinen Willen am besten durch Zahlung unter Beweis. Sind schon zwei Drittel der Schuld in den vertagten drei Monaten bezahlt worden, dann darf man billigerweise noch einmal sechs Wochen Fristverlängerung beantragen. Aber eben nur für Zahlungswillige. Und Familie Hempel macht im Augenblick nicht diesen Eindruck.

Durch Krankheit

Daß der kranke Mensch besondere Rechte genießt, muß ja auch sein. Aber hier muß durch einen richtigen Arzt belegt werden mittels eines »qualifizierten Attestes«, daß die Wahrnehmung des OV-Termins eine ernsthafte Gesundheitsgefährdung darstellt. Ein frischer Herzinfarkt kann da gute Dienste leisten, ein Autounfall mit sechswöchigem Krankenhausaufenthalt natürlich auch.

BERNIE HEMPEL PACKT AUS:

Sehr schön war die Attestiererei in dem schon erwähnten Herstatt-Prozeß zu beobachten. Dort ging es Herrn Herstatt allerdings um die Verzögerung des Strafverfahrens. Hätten seine geschädigten Gläubiger aber gleichzeitig ihre Forderungen zivilrechtlich geltend gemacht, hätte sich Herstatt mit derselben Methode auch vor der Offenbarungsversicherung drücken können.

Fast zehn Jahre – so lange dauerte der Prozeß – hat es der lebenslustige Iwan D. Herstatt (nicht wahr, depressive Typen findet man in der Welt des großen Geldes nicht so oft) geschafft, weder in U-Haft (da war er nur sieben Wochen) zu sitzen, noch gar zu den Prozeßterminen zu erscheinen: Er war schwer krank. Daß er schwer war – eine Folge der schon erwähnten Lebenslust – war sichtbar: 250 Kilogramm behindern auch die Atmung und erklären den 1979 erlittenen Herzinfarkt. Hinzu kommt die seelische Belastung. Die Verhandlungsfähigkeit wurde von einem richtigen und ganz ordentlichen Professor aus Bonn bescheinigt, dem international renommierten Herzspezialisten Dr. Schaede. Warum auch nicht? Aber in Paris in die Oper gehen, in Capri steile Treppen steigen, für eine Sektkellerei repräsentieren und darüber hinaus auch noch zwei, drei Stunden spazierengehen können? Das ließ denn auch den renommierten Doktor, als es wieder um die Verhandlungsfähigkeit ging, diese als eingeschränkt, aber doch möglich feststellen.

Daraufhin verzog sich der dicke Mann zu einem anderen Professor. Dr. Werner Kaufmann leitete die AOK-Klinik in Köln-Merheim. Das war am 6. Dezember 1983. Kurz vor dem angesetzten Verhandlungstermin. Und der Blutdruck war hoch. Und da war auch Wasser in den Beinen, und mindestens 20 Kilo waren sowieso zuviel. Und seelisch alles durcheinander. Ist ja verständlich.

Naja, das Gericht befand, das Gutachten übertreibe wohl, bat einen anderen Gutachter und beschloß dann endlich, ohne den Angeklagten zu verhandeln.

BERNIE RÄT:

Wer für den einen Arzt noch nicht so krank ist, ist für den anderen Arzt vielleicht schon krankenhausreif. Der **Landgerichtsarzt** ist dabei wohl der kritischste: aber der kann sich über die Meinung von Kollegen auch nicht nach Belieben hinwegsetzen. Und dann kann noch ein »Obergutachten« oder gar ein »Hauptgutachten« angefordert werden, während der kranke Alois Hempel auf seinem Sofa sitzt und vergnügt dem Gutachtertreiben zusieht – denn aufstehen kann er ja auf keinen Fall.

Und natürlich ist der Terminkalender des Gerichtsarztes immer Sand im Getriebe der Gläubigermaschine. Dafür kann der arme und kranke Schuldner aber nichts.

Für eine Terminverschiebung reicht, wenn das Attest rechtzeitig einen Tag vor dem Termin beim Rechtspfleger eintrifft. Selbst wenn ihm Zweifel kommen, ob die akuten Herzrhythmusstörungen echt sind, ist der Termin geplatzt.

Auf die Zweifel des Rechtspflegers kommt es nicht an, denn er ist kein Arzt. Wer Malaria hat, hat plötzliche Anfälle. Wer sich mit einer langsamen Versteifung der Wirbelsäule abplagt, der kann sich freuen. Vielleicht schafft er es, den OV-Termin immer wieder zu verschieben. Bis sich seine »Verhältnisse« verbessert haben oder bis ein Tatbestand (etwa Geschenke innerhalb der Familie) aus der Ein- bis Zweijahresfrist herausgerutscht ist, für die man – wie wir aus dem Formular wissen – solche Angaben machen muß.

Durch Teilzahlungsvergleich

Eine andere Möglichkeit, den OV zu stoppen, ist natürlich das Angebot der Teilzahlung direkt an den Gläubiger.

Die Autobank muß ein solches Angebot von Alois Hempel natürlich nicht annehmen, und sie wird es sicher nicht tun, wenn sie schon einmal mit Hempel schlechte Erfahrungen gemacht hat. Aber man kann Erstaunliches zuwege bringen, wenn man auch nur einen Bruchteil der geschuldeten Summe mit traurigen Hundeaugen und abgetragenem Anzug beim Gläubiger oder dessen Anwalt vorbeiträgt. Sind doch alles Menschen, selbst wenn sie einem in einer mißlichen Situation an den Kragen wollen. Das hilft natürlich alles nicht bei professionellen Vollstreckern wie den Inkassobüros. Denn die leben ja davon, daß sie nicht nett sind.

Allerdings kann einem da der Computer der Eintreiberfirma hilfreich zur Seite stehen: Der rechnet nämlich aus, wie teuer das langwierige Eintreiben kommt. Und ehe die Inkassokasse draufzahlt, wird der Computer auch schon mal bei lächerlichen hundert Mark weich und nimmt also, was er kriegen kann.

BERNIE RÄT:

Ein Teilzahlungsvergleich ist an jeder Stelle des Verfahrens möglich. Das Angebot der Teilzahlung und erst recht die Annahme des Angebotes durch den Gläubiger stoppt die Zwangsvollstreckung sofort.

Rechtlich betrachtet ist der Teilzahlungsvergleich nichts anderes als eine erneute Umschuldung, nachdem die gesamte Schuldsumme wegen Verzugs fällig geworden ist. Allerdings kommen die inzwischen angefallenen Gerichtskosten und Anwaltsgebühren hinzu.

Hier erweist sich noch einmal die Wichtigkeit der Strategie. Entweder man entschließt sich, wirklich nicht zu zahlen, bis ausreichend Geld zur Verfügung steht (oder gar nicht, mit allen Konsequenzen: Wohnsitz an der Cote d'Azur), dann wird man auch einen Teilzahlungsvergleich nicht anbieten. Man ist ja ohnehin nicht da. Oder man versucht an einer möglichst frühen Stelle, eine Ratensenkung zu erreichen, um die Gesamtkosten des Kredits niedrigzuhalten.

BERNIE RÄT:

Schuldenmachen ohne nachzudenken, kommt einen immer teuer zu stehen. Bei Schuldenmachen mit Nachdenken weiß man genau, wieviel man bezahlen möchte und was man dafür erhält.

CHECKLISTE:

— Ist die Ladung zur OV auf dem Tisch: Keine Zeit mit Ausfüllen vertun, sondern den Rechtspfleger um Hilfe bitten. Im schlimmsten Fall schickt einen der Rechtspfleger wieder nach Hause. Im besten Fall bekommt der Gläubiger ein mangelhaft ausgefülltes Formular und muß selber nachhaken.
— Bin ich durch den ganzen Schuldnerstreß nicht schwer erkrankt und muß mir ein Attest besorgen?
— Kann ich »glaubhaft machen«, die Schuld in drei Monaten zu bezahlen? Will der Rechtspfleger eine eidesstattliche Versicherung: Vorsicht, jede falsche Glaubhaftmachung ist dann strafbar.

Die Forderungspfändung

Die **Forderungspfändung** ist heute, wo unsere Ansprüche sehr gestiegen sind, von besonderer Bedeutung. Wir haben ja alle Ansprüche, nicht nur an das Leben, sondern an das Finanzamt wegen des Lohnsteuerjahresausgleiches. Von der Bank (auf der Hans seine Einkünfte aus den Aufträgen lagert) wollen wir die fälligen Zinsen. Die Sozialversicherung, die Rentenkasse, die Ausbildungsförderung. Und dann ist da natürlich der Arbeitgeber, der zahlen soll, was schuldig ist. Von letzterem beansprucht Alois nicht nur Lohn, sondern auch 13. Monatsgehalt und Weihnachtsgeld und die Arbeitnehmerzulage aus dem 624/936-DM-Gesetz. Es gibt aber noch Ansprüche auf Reisevertragsversicherungen und Schmerzensgeld, Gefangenengelder und Rückkehrhilfe. Die Liste der Forderungen, die dem Schuldner zustehen können, ist ebenso vielfältig wie seine rechtlichen Ansprüche.

Jeder Anwalt hat Handbücher, in denen die Forderungen stehen, die ein Mensch in seinem Leben gegen andere erwerben kann. Die alphabetische Liste in so einem Fachbuch (Stöber, »Forderungspfändung«) ist über 140 Seiten lang und wahrscheinlich nicht einmal vollständig.

Es gibt eine ganze Reihe Schuldner, denen nicht einmal im Traum einfällt, von wem sie Geld verlangen könnten, wenn sie nur wollten. So kann es leicht kommen, daß dem Gläubiger (eher noch dessen Anwalt) etwas einfällt, was der Schuldner gar nicht wußte und erst durch den »Pfändungs- und Überweisungsbeschluß« erfährt. Dieser Beschluß wird vom Gläubiger bei Gericht aufgrund des Titels beantragt, und dagegen kann der Schuldner nicht mehr viel machen.

Hätte zum Beispiel Mutter Agnes beim Versandhaus Kleider bestellt und nicht bezahlt, dann bräuchte Alois dafür natürlich nicht in die Tasche greifen. Er hat mit der Sache nichts zu tun, meint er, und Mutter Agnes hat kein Geld. Weit gefehlt. Sie hat als Ehefrau einen durch die Rechtsprechung verbürgten Anspruch auf 3 bis 5% des Nettoeinkommens ihres Mannes, das sogenannte Taschengeld. Diesen Anspruch kann das Versandhaus pfänden lassen, selbst wenn Alois seiner Agnes in den ganzen 25 Jahren nie einen Pfennig von diesem Taschengeld gezahlt hätte.

Forderungspfändungen haben fiktiven Charakter. Denn die Autobank kann ja nicht wissen, ob für Alois Hempel wirklich eine Erstattung aus dem Lohnsteuerjahresausgleich anfällt. Pfänden lassen kann sie trotzdem.

Wahrscheinlich hat sie Pech: weil Alois die Erstattung schon erhalten hat oder ein Anspruch gar nicht besteht.

Das Pech hat allerdings Alois, wenn die Bank die Forderung pfändet, **ehe** sie entsteht. Dazu muß sie allerdings nachweisen, daß eine Lohnsteuerrückerstattung überhaupt entstehen **könnte.** Das ist bei Alois leicht, aber bei Hans Hempel, der Einkommensteuer zahlt und wechselnde Auftraggeber hat, schon schwieriger.

BERNIE RÄT:

Wechselnde Auftraggeber sind gut. Denn der Gläubiger muß erst einmal herausfinden, von wem der Schuldner Geld erwarten könnte. Es sollten aber möglichst so viele Geschäftspartner sein, wie ein Klempner oder freier Journalist sie haben kann. In der OV braucht man dann nur anzugeben, **daß** man gewöhnlich mit vielen verschiedenen Kunden oder Auftraggebern zu tun hat. Es ist dann Aufgabe des Gläubigers, die Adressen der möglichen Schuldner seines Schuldners noch einmal nachzufragen.

Es sei denn, man hat noch eine Rechnung offen, dann **muß** man sagen, von wem was zu erwarten wäre.

So, wie der Charakter der Forderungspfändung fiktiv ist, pfändet der pfiffige Gläubiger oft auf gut Glück. Deshalb ist es am besten, wenn der Gläubiger möglichst wenig von einem weiß – auch noch nach der OV.

Hans und Vater Alois sitzen – inzwischen ist es dank ungenau ausgefüllter Formulare schon Anfang **Dezember** – tatsächlich zufällig am selben Tag auf einer harten Wartebank im Vollstreckungsgericht (das ist immer das Amtsgericht), um der Offenbarungsversicherung ins Auge zu schauen. Beide haben sich mit Bernie, ihrem guten Ratgeber, in der Kneipe »Zum fröhlichen Meineid« verabredet, wo der Wirt schon die Champagnerflasche kaltgestellt hat, um das vorläufige Ende der aufregenden Monate zu feiern.

Das Vermögensverzeichnis

Es ist alles eidfähig ausgefüllt, richtig und vollständig, soweit unsere beiden Schuldner das jedenfalls wissen und mit ihrem Gewissen vereinbaren können.

Zunächst wird in den Punkten 1 bis 14 (Abschnitt A) nach allem gefragt, was der Gerichtsvollzieher bei seinem Besuch auch schon gerne gefunden hätte: Bargeld, Wertpapiere, Uhren, Schmuck, Gold und Wertsachen, Kunstgegenstände, elektronische Unterhaltungsgeräte und Musikinstrumente, Fahrzeuge, Haustiere, Bauten auf fremden Grundstücken, weitere Sachen von Wert (Was sind schon »Sachen von Wert«? Hier hilft der Hinweis in Klammern: auch Schiffe und Schiffsbauwerke.)

Die letzte Frage bezieht sich darauf, ob der Schuldner Sachen auf Abzahlung und unter Eigentumsvorbehalt gekauft hat (die also für den Gläubiger, der hier die OV erzwingt, nicht pfändbar sind) und ob irgendwelche Sachen sicherheitsübereignet sind bzw. schon für andere Forderungen gepfändet wurden. Hier wird Alois auch angeben müssen, daß er Bernie DM 2300,– geliehen hat (S. 99): falls der ihm das Geld nicht rechtzeitig **zurückerstattet** hat!

BERNIE RÄT:

Man muß gut überlegen, was man weiß und wo einen Wissen und Gewissen im Stich lassen.
Man soll keinen Meineid schwören. Das ist nicht nur unmoralisch, sondern natürlich auch strafbar (mindestens ein Jahr Haft zum Nachdenken), sogar bei Fahrlässigkeit (§ 156 StGB 3)!

Der Lohn und alles andere

Im folgenden Formularabschnitt (B) wird nach »Forderungen, Guthaben und ähnlichen Rechten« geforscht, also dem Teil, der uns hier besonders interessiert.

Alois muß jetzt seinen neuen Arbeitgeber nennen. Auch wenn sein Tarifvertrag **Lohnabtretung** grundsätzlich ausschließt, kann der Lohn doch **gepfändet** werden. Der »Ausschluß der Lohnabtretung« besagt nur, daß der Gläubiger nicht sofort zum Arbeitgeber rennen kann, sondern erst einmal ein Gericht bemühen muß. Dann aber sind neben dem Arbeitslohn auch alle darüber hinausgehenden Arbeitgeberleistungen pfändbar: insbesondere wenn sie »vermögenswirksam« waren. Höhe und Konto, wo sich das Vermögen in Arbeitnehmerhand gesammelt hat, sind anzugeben.

§ 850. [Pfändungsschutz für Arbeitseinkommen] (1) Arbeitseinkommen, das in Geld zahlbar ist, kann nur nach Maßgabe der §§ 850a bis 850i gepfändet werden.

(2) Arbeitseinkommen im Sinne dieser Vorschrift sind die Dienst- und Versorgungsbezüge der Beamten, Arbeits- und Dienstlöhne, Ruhegelder und ähnliche nach dem einstweiligen oder dauernden Ausscheiden aus dem Dienst- oder Arbeitsverhältnis gewährte fortlaufende Einkünfte, ferner Hinterbliebenenbezüge sowie sonstige Vergütungen für Dienstleistungen aller Art, die die Erwerbstätigkeit des Schuldners vollständig oder zu einem wesentlichen Teil in Anspruch nehmen.

(3) Arbeitseinkommen sind auch die folgenden Bezüge, soweit sie in Geld zahlbar sind:

a) Bezüge, die ein Arbeitnehmer zum Ausgleich für Wettbewerbsbeschränkungen für die Zeit nach Beendigung seines Dienstverhältnisses beanspruchen kann;

b) Renten, die auf Grund von Versicherungsverträgen gewährt werden, wenn diese Verträge zur Versorgung des Versicherungsnehmers oder seiner unterhaltsberechtigten Angehörigen eingegangen sind.

(4) Die Pfändung des in Geld zahlbaren Arbeitseinkommens erfaßt alle Vergütungen, die dem Schuldner aus der Arbeits- oder Dienstleistung zustehen, ohne Rücksicht auf ihre Benennung oder Berechnungsart.

§ 850a. [Unpfändbare Bezüge] Unpfändbar sind

1. zur Hälfte die für die Leistung von Mehrarbeitsstunden gezahlten Teile des Arbeitseinkommens;
2. die für die Dauer eines Urlaubs über das Arbeitseinkommen hinaus gewährten Bezüge, Zuwendungen aus Anlaß eines besonderen Betriebsereignisses und Treugelder, soweit sie den Rahmen des Üblichen nicht übersteigen;
3. Aufwandsentschädigungen, Auslösungsgelder und sonstige soziale Zulagen für auswärtige Beschäftigungen, das Entgelt für selbstgestelltes Arbeitsmaterial, Gefahrenzulagen sowie Schmutz- und Erschwerniszulagen, soweit diese Bezüge den Rahmen des Üblichen nicht übersteigen;
4. Weihnachtsvergütungen bis zum Betrage der Hälfte des monatlichen Arbeitseinkommens, höchstens aber bis zum Betrage von 470 Deutsche Mark;
5. Heirats- und Geburtsbeihilfen, sofern die Vollstreckung wegen anderer als der aus Anlaß der Heirat oder der Geburt entstandenen Ansprüche betrieben wird;
6. Erziehungsgelder, Studienbeihilfen und ähnliche Bezüge;
7. Sterbe- und Gnadenbezüge aus Arbeits- oder Dienstverhältnissen;
8. Blindenzulagen.

Gläubiger, die nur die handelsüblichen Formulare verwenden, übersehen oft, daß manche Lohnbestandteile extra gepfändet werden müssen, z. B. die Arbeitnehmerzulage, Schlechtwettergeld, betriebliche Sonderzulagen etc. Solche Posten darf der Arbeitgeber natürlich an Alois auszahlen, solange sie nicht gepfändet sind. Allerdings setzt das Gesetz der Pfändungswut des Gläubigers Grenzen (siehe Tab. S. 146/147):

Bei der Lohnpfändung muß ein Einkommen übrigbleiben, das ein bescheidenes Auskommen ermöglicht. Wie hoch dieser Anteil ist, bestimmen die Pfändungsfreigrenzen, die zuletzt im März 1984 durch Gesetz zugunsten des Schuldners erhöht wurden.

Für einen alleinstehenden Menschen wie Hans, der bisher nur 800 DM netto im Monat verdient, können nur 32,20 Deutsche Mark weggepfändet werden: Er muß sich dann mit 776,80 DM bescheiden.

Wer mehr verdient, darf allerdings auch mehr behalten. So könnte die Autobank von Vater Alois mit seinen 1700 DM netto nur 304 DM abknöpfen, denn er muß ja Gott sei Dank noch Frau Agne versorgen und kann mit ihr und 1396 DM auf dem Sofa sitzen und in die bunte Röhre gucken, denn zu viel mehr Vergnügen reicht das Geld ja trotzdem nicht. Würde Hans den Eltern noch auf der Tasche liegen, sähe die Autobank sogar nur 194,60 DM.

Um auszurechnen, wieviel einem überhaupt weggepfändet werden kann, muß man noch wissen, daß weder Unterhaltsansprüche noch Renten oder andere Sozialbezüge so einfach gepfändet werden können (siehe Kapitel: Soziale Ansprüche). Auch die notwendigen Summen für Kranken- und Sozialversicherung müssen abgerechnet werden. Erst dann geht es ans Eingemachte.

BERNIE RÄT:

Wo kein Arbeitgeber ist, da ist kein Lohnpfänder.

Kündigen und sich eine andere, weniger auffällige Einkommensquelle suchen, wäre klug. Insbesondere wechselnde Arbeitgeber sind sehr nützlich.

Als gutes Beispiel geht uns da Hans voran.

Seine »Arbeitgeber« sind seine Kunden. Und bei einem bei Hans zugegebenermaßen noch in den Anfängen steckenden, häufig wechselndem Geschäftsverkehr kann ein Gläubiger kaum etwas machen. Nur bei dauerhaften Partnern (z. B. mehr als drei Aufträge pro Jahr) kann der Honoraranspruch gepfändet werden.

Tatsächlich muß Hans bei Frage 16 als Anspruch aus selbständiger Tätigkeit und aus Nebenverdiensten die 5 000 DM angeben, die ihm die Compu-Compost AG schuldet.

Aufgrund dieses Anspruchs von Hans stellt Druck-Optimal bei Gericht einen Antrag auf Pfändung und Überweisung. Der »Pfändungs- und Überweisungsbeschluß« wird Compu-Compost zugestellt, und Druck-Optimal will jetzt Geld von denen sehen.

Aber warum sollte die Bio-Rohgemüse-Firma das freiwillig tun, wenn sie der Meinung ist, daß Planlos International nur Mist geplant hat, oder weil sie selber knapp bei Kasse ist. Da kann die kuriose Situation auftreten, daß der Gläubiger, Druck-Optimal also, die Interessen des Schuldners vertritt, sich auf Compu-Compost wirft und mit denen um Hans Hempels Geld streitet. So kommt es, daß mancher Schuldner seinen Gläubiger auffordert, sich mit irgendeinem Dritten zu streiten und dafür auch noch die Kosten aufzuwenden, für die Hans keine müde Mark übriggehabt hätte.

Ganz geschickte Schuldner können ihre Gläubiger davon überzeugen, daß sie nur durch die infamen Intrigen ihrer eigenen Schuldner in die Zahlungsunfähigkeit getrieben wurden. Solch diplomatisches Geschick macht den früheren Gegner zum intimsten Freund, mit dem man Arm in Arm gegen die böse Welt streitet. Und der Gläubiger muß auch noch zahlen (in der Hoffnung, daß er es von dem »Drittschuldner« wiederbekommt).

BERNIE RÄT:

Wer als Schuldner eigene Forderungen nur schwer eintreiben kann, überlasse diese seinem Gläubiger. Der freut sich – erst mal. Und ist beschäftigt.

Die Steuerrückerstattungspfändung

Die Pfändung von Steueransprüchen ist ein weites Feld. Bei Alois kann es nur um die mögliche Lohnsteuerrückerstattung gehen. Aber

Nettolohn **monatlich**	Pfändbarer Betrag bei Unterhaltspflicht*) für					
	0	1	2	3	4	5 und mehr Personen
	in DM					
940,00 — 959,99	130,20	—	—	—	—	—
960,00 — 979,99	144,20	—	—	—	—	—
980,00 — 999,99	158,20	—	—	—	—	—
1 000,00 — 1 019,99	172,20	—	—	—	—	—
1 020,00 — 1 039,99	186,20	—	—	—	—	—
1 040,00 — 1 059,99	200,20	—	—	—	—	—
1 060,00 — 1 079,99	214,20	—	—	—	—	—
1 080,00 — 1 099,99	228,20	—	—	—	—	—
1 100,00 — 1 119,99	242,20	4,00	—	—	—	—
1 120,00 — 1 139,99	256,20	14,00	—	—	—	—
1 140,00 — 1 159,99	270,20	24,00	—	—	—	—
1 160,00 — 1 179,99	284,20	34,00	—	—	—	—
1 180,00 — 1 199,99	298,20	44,00	—	—	—	—
1 200,00 — 1 219,99	312,20	54,00	—	—	—	—
1 220,00 — 1 239,99	326,20	64,00	—	—	—	—
1 240,00 — 1 259,99	340,20	74,00	—	—	—	—
1 260,00 — 1 279,99	354,20	84,00	—	—	—	—
1 280,00 — 1 299,99	368,20	94,00	—	—	—	—
1 300,00 — 1 319,99	382,20	104,00	—	—	—	—
1 320,00 — 1 339,99	396,20	114,00	—	—	—	—
1 340,00 — 1 359,99	410,20	124,00	5,60	—	—	—
1 360,00 — 1 379,99	424,20	134,00	13,60	—	—	—
1 380,00 — 1 399,99	438,20	144,00	21,60	—	—	—
1 400,00 — 1 419,99	452,20	154,00	29,60	—	—	—
1 420,00 — 1 439,99	466,20	164,00	37,60	—	—	—
1 440,00 — 1 459,99	480,20	174,00	45,60	—	—	—
1 460,00 — 1 479,99	494,20	184,00	53,60	—	—	—
1 480,00 — 1 499,99	508,20	194,00	61,60	—	—	—
1 500,00 — 1 519,99	522,20	204,00	69,60	—	—	—
1 520,00 — 1 539,99	536,20	214,00	77,60	—	—	—
1 540,00 — 1 559,99	550,20	224,00	85,60	—	—	—
1 560,00 — 1 579,99	564,20	234,00	93,60	—	—	—
1 580,00 — 1 599,99	578,20	244,00	101,60	6,00	—	—
1 600,00 — 1 619,99	592,20	254,00	109,60	12,00	—	—
1 620,00 — 1 639,99	606,20	264,00	117,60	18,00	—	—
1 640,00 — 1 659,99	620,20	274,00	125,60	24,00	—	—
1 660,00 — 1 679,99	634,20	284,00	133,60	30,00	—	—
1 680,00 — 1 699,99	648,20	294,00	141,60	36,00	—	—
1 700,00 — 1 719,99	662,20	304,00	149,60	42,00	—	—
1 720,00 — 1 739,99	676,20	314,00	157,60	48,00	—	—
1 740,00 — 1 759,99	690,20	324,00	165,60	54,00	—	—
1 760,00 — 1 779,99	704,20	334,00	173,60	60,00	—	—
1 780,00 — 1 799,99	718,20	344,00	181,60	66,00	—	—
1 800,00 — 1 819,99	732,20	354,00	189,60	72,00	1,20	—
1 820,00 — 1 839,99	746,20	364,00	197,60	78,00	5,20	—
1 840,00 — 1 859,99	760,20	374,00	205,60	84,00	9,20	—
1 860,00 — 1 879,99	774,20	384,00	213,60	90,00	13,20	—
1 880,00 — 1 899,99	788,20	394,00	221,60	96,00	17,20	—
1 900,00 — 1 919,99	802,20	404,00	229,60	102,00	21,20	—
1 920,00 — 1 939,99	816,20	414,00	237,60	108,00	25,20	—
1 940,00 — 1 959,99	830,20	424,00	245,60	114,00	29,20	—
1 960,00 — 1 979,99	844,20	434,00	253,60	120,00	33,20	—
1 980,00 — 1 999,99	858,20	444,00	261,60	126,00	37,20	—
2 000,00 — 2 019,99	872,20	454,00	269,60	132,00	41,20	—
2 020,00 — 2 039,99	886,20	464,00	277,60	138,00	45,20	—

*) Zu berücksichtigen sind Unterhaltsleistungen des Schuldners gegenüber seinem Ehegatten, einem früheren Ehegatten, einem Verwandten oder der Mutter eines nichtehelichen Kindes nach §§ 1615 l, 1615 n des Bürgerlichen Gesetzbuchs.

Nettolohn monatlich	Pfändbarer Betrag bei Unterhaltspflicht*) für					
	0	1	2	3	4	5 und mehr Personen
	in DM					
2 040,00 — 2 059,99	900,20	474,00	285,60	144,00	49,20	1.20
2 060,00 — 2 079,99	914,20	484,00	293,60	150,00	53,20	3,20
2 080,00 — 2 099,99	928,20	494,00	301,60	156,00	57,20	5,20
2 100,00 — 2 119,99	942,20	504,00	309,60	162,00	61,20	7,20
2 120,00 — 2 139,99	956,20	514,00	317,60	168,00	65,20	9,20
2 140,00 — 2 159,99	970,20	524,00	325,60	174,00	69,20	11,20
2 160,00 — 2 179,99	984,20	534,00	333,60	180,00	73,20	13,20
2 180,00 — 2 199,99	998,20	544,00	341,60	186,00	77,20	15,20
2 200,00 — 2 219,99	1 012,20	554,00	349,60	192,00	81,20	17,20
2 220,00 — 2 239,99	1 026,20	564,00	357,60	198,00	85,20	19,20
2 240,00 — 2 259,99	1 040,20	574,00	365,60	204,00	89,20	21,20
2 260,00 — 2 279,99	1 054,20	584,00	373,60	210,00	93,20	23,20
2 280,00 — 2 299,99	1 068,20	594,00	381,60	216,00	97,20	25,20
2 300,00 — 2 319,99	1 082,20	604,00	389,60	222,00	101,20	27,20
2 320,00 — 2 339,99	1 096,20	614,00	397,60	228,00	105,20	29,20
2 340,00 — 2 359,99	1 110,20	624,00	405,60	234,00	109,20	31,20
2 360,00 — 2 379,99	1 124,20	634,00	413,60	240,00	113,20	33,20
2 380,00 — 2 399,99	1 138,20	644,00	421,60	246,00	117,20	35,20
2 400,00 — 2 419,99	1 152,20	654,00	429,60	252,00	121,20	37,20
2 420,00 — 2 439,99	1 166,20	664,00	437,60	258,00	125,20	39,20
2 440,00 — 2 459,99	1 180,20	674,00	445,60	264,00	129,20	41,20
2 460,00 — 2 479,99	1 194,20	684,00	453,60	270,00	133,20	43,20
2 480,00 — 2 499,99	1 208,20	694,00	461,60	276,00	137,20	45,20
2 500,00 — 2 519,99	1 222,20	704,00	469,60	282,20	141,20	47,20
2 520,00 — 2 539,99	1 236,20	714,00	477,60	288,00	145,20	49,20
2 540,00 — 2 559,99	1 250,20	724,00	485,60	294,00	149,20	51,20
2 560,00 — 2 579,99	1 264,20	734,00	493,60	300,00	153,20	53,20
2 580,00 — 2 599,99	1 278,20	744,00	501,60	306,00	157,20	55,20
2 600,00 — 2 619,99	1 292,20	754,00	509,60	312,00	161,20	57,20
2 620,00 — 2 639,99	1 306,20	764,00	517,60	318,00	165,20	59,20
2 640,00 — 2 659,99	1 320,20	774,00	525,60	324,00	169,20	61,20
2 660,00 — 2 679,99	1 334,20	784,00	533,60	330,00	173,20	63,20
2 680,00 — 2 699,99	1 348,20	794,00	541,60	336,00	177,20	65,20
2 700,00 — 2 719,99	1 362,20	804,00	549,60	342,00	181,20	67,20
2 720,00 — 2 739,99	1 376,20	814,00	557,60	348,00	185,20	69,20
2 740,00 — 2 759,99	1 390,20	824,00	565,60	354,00	189,20	71,20
2 760,00 — 2 779,99	1 404,20	834,00	573,60	360,00	193,20	73,20
2 780,00 — 2 799,99	1 418,20	844,00	581,60	366,00	197,20	75,20
2 800,00 — 2 819,99	1 432,20	854,00	589,60	372,00	201,20	77,20
2 820,00 — 2 839,99	1 446,20	864,00	597,60	378,00	205,20	79,20
2 840,00 — 2 859,99	1 460,20	874,00	605,60	384,00	209,20	81,20
2 860,00 — 2 879,99	1 474,20	884,00	613,60	390,00	213,20	83,20
2 880,00 — 2 899,99	1 488,20	894,00	621,60	396,00	217,20	85,20
2 900,00 — 2 919,99	1 502,20	904,00	629,60	402,00	221,20	87,20
2 920,00 — 2 939,99	1 516,20	914,00	637,60	408,00	225,20	89,20
2 940,00 — 2 959,99	1 530,20	924,00	645,60	414,00	229,20	91,20
2 960,00 — 2 979,99	1 544,20	934,00	653,60	420,00	233,20	93,20
2 980,00 — 2 999,99	1 558,20	944,00	661,60	426,00	237,20	95,20
3 000,00 — 3 019,99	1 572,20	954,00	669,60	432,00	241,20	97,20
3 020,00 — 3 039,99	1 586,20	964,00	677,60	438,00	245,20	99,20
3 040,00 — 3 059,99	1 600,20	974,00	685,60	444,00	249,20	101,20
3 060,00 — 3 079,99	1 614,20	984,00	693,60	450,00	253,20	103,20
3 080,00 — 3 099,99	1 628,20	994,00	701,60	456,00	257,20	105,20
3 100,00 — 3 119,99	1 642,20	1 004,00	709,60	462,00	261,20	107,20
3 120,00 — 3 139,99	1 656,20	1 014,00	717,60	468,00	265,20	109,20

*) Zu berücksichtigen sind Unterhaltsleistungen des Schuldners gegenüber seinem Ehegatten, einem früheren Ehegatten, einem Verwandten oder der Mutter eines nichtehelichen Kindes nach §§ 1615 l, 1615 n des Bürgerlichen Gesetzbuchs.

bei Hans hätte Druck-Optimal einige Chancen, wenn deren Anwalt an die Rückzahlung von Investitionszulagen, Konjunkturzuschlägen, Ergänzungsabgaben, Rückzahlung von Umsatz- und Körperschaftssteuer denken würde.

Auf jeden Fall erfährt Hans Hempel von jeder Pfändung, die der findige Gläubiger gegen ihn ausgebracht hat. Er bekommt immer eine Abschrift des Pfändungsbeschlusses. Möglicherweise erfährt der säumige Hans erst jetzt, was ihm steuerlich noch so zusteht. Stimmt der Anspruch, ist das Geld zwar weg, aber auch die Schuld gemindert. Oder dieser Anspruch trifft nicht zu, ermuntert aber Hans, von seinem letzten Geld einen Steuerberater nach möglichen Ansprüchen zu fragen, die er vom Finanzamt zurückfordern kann, bevor der Gläubiger es tut.

Wenn sich also ab 1. Januar 0 Uhr die Gläubiger auf die Finanzämter stürzen – Steuerguthaben werden immer zu Beginn des neuen Jahre fällig –, kann das für den Schuldner nur von Vorteil sein. Zumindest wird er wach.

Übrigens sind auch hier Behörden und Krankenkassen schneller als Privatgläubiger. Weil sie nicht über die Gerichte einen Beschluß erwirken müssen, sondern selbst pfändungsberechtigt sind.

Geld auf der Bank

Hat der Schuldner es im Vorfeld geschafft, sein Geld zu behalten, landet es irgendwann auf der Bank. Wohl dem, der mehrere Konten hat! Denn diese muß der Gläubiger ja erst einmal finden. Im OV-Verfahren hat er die Konten zwar schon an der Hand, aber vielleicht noch nicht richtig im Griff. Außerdem kann man danach immer die Bank wechseln.

Für den Gläubiger ist es nämlich gar nicht einfach, die richtige Bank zu erwischen. Wenn Hans sein Konto bei der Deutschen Bank in Braunschweig hat, dann muß Druck-Optimal erst einmal ermitteln, ob das eine zu »selbständiger Kontoführung berechtigte Zweigstelle« ist. Trifft das nicht zu, muß der Gläubiger die nächst übergeordnete Hauptstelle ausfindig machen.

Auch hier gilt: Hans erfährt alles, was der Gläubiger tut, per Abschrift. Und merkt er, daß Druck-Optimal sich gerade im Blindflug auf die falsche Bank stürzt, dann ist er gut beraten, sein Konto abzuräumen und das Geld auf die Raiffeisenbank Itzehoe zu schleppen. Und schon beginnt der Leidensweg des Gläubigers wieder: ein neuer Antrag auf Offenbarungsversicherung. Das geht nur, wenn Druck-Optimal glaubhaft machen kann, daß der Schuldner ein neues Konto hat. Das muß erst einmal bekannt werden.

Also ein bißchen Beweglichkeit bei der Kontenführung kann nicht schaden.

BERNIE HEMPEL PACKT AUS:

Ganz ähnlich und doch anders machte es Felix Geyer aus Vorberg. Er hatte eine höchst bewegliche Kontenführung bei der Raiffeisenbank, und das kam so:

Als Versicherungsvertreter konnte er einer Menge Leute Lebensversicherungen andienen in Millionenhöhe, deren Prämien zwischen ein- und zweitausend Mark im Monat lagen. Das ist ja schon eine Menge Stoff, um einfach so sein Leben zu versichern. Deshalb schlug Vertreter Geyer seinen künftigen Kunden vor, die Prämien aus einem Bankkredit zu zahlen, den er ihnen besorgen würde. Er rechnete ihnen vor, daß im Laufe der Jahre die Rückzahlungen der Versicherung den Kredit tilgen würden. Das klang gut gerechnet.

Dann ging Geyer zu seinem Stammtischbruder, dem Direktor der Raiffeisenbank von Vorberg, und eröffnete unter falschen Namen 150 Konten mit Kreditrahmen von 50 000 DM, dem Limit, zu dem der Bankdirektor berechtigt war. Die schräge Tour tat dem Bankmann gut, denn sein Kreditumsatz schnellte brillant nach oben, und er bekam zwei Jahre lang eine Sonderauszeichnung für seinen »ungewöhnlichen Einsatz im Kreditmanagement«.

Der gute Geyer zahlte dann die ersten Prämien aus den Krediten, ohne seine Kunden weiter zu belästigen, und strich die beachtliche Provision ein: zusätzlich zu den 8,5 Millionen, die der willige Raiffeisenmann ihm bierselig im Laufe der Zeit kreditierte.

Natürlich fand die Zentralrevision nach zwei Jahren heraus, daß keiner der unechten Kunden je seinen Kredit auch nur ansatzweise zurückgezahlt hatte, und machte dem Direktor Ärger.

Lebensversicherungs-Geyer war damit allerdings auch am Ende.

Geld hatte er sowieso keins mehr, alles steckte in Versicherungen, war verliehen an Kunden und hatte sein Leben mit Reisen–Autos–Schmuck–und–Stuck verziert.

Dafür rechnete ihm der Staatsanwalt neun Jahre Knast vor – aber auch der Stammtischbruder, der für seine Hilfe nur ein paar Bier ausgegeben bekam, mußte sechs Jahre in Kauf nehmen.

Versicherer Geyer war durch all dieses so sehr verunsichert, daß er nach Entlassung aus dem Gefängnis für verrückt erklärt wurde. Wäre ihm das früher passiert, hätte er gar nicht erst sitzen müssen.

Die für ihr Leben Versicherten hatten allerdings weder Schaden noch Nutzen. Sie hatten keine oder nur ein paar Prämien bezahlt und waren, nachdem alles aufgeflogen war, allerdings auch nicht mehr versichert.

So kann's gehen.

Der gesamte Kontobestand ist pfändbar, außer unter bestimmten Bedingungen Sozialhilfegelder, Renten etc. (siehe Kapitel: Soziale Ansprüche). Da auch jede künftige Gutschrift, die auf den Konten eingeht, widerspruchslos von der Bank an den Gläubiger überwiesen werden muß, löst jeder schlaue Schuldner am Tage des OV, wenn nicht schon vorher, alle seine Konten auf und verfrißt sein Geld. Denn Bargeld müßte er bei der OV offenbaren. Er darf sogar seine ganze Sozialhilfe in Höhe von 58,60 DM auf einmal in ein Tellergericht bei »Kempinski« investieren, obgleich dann eine ganze Wochenstütze weg ist. Bei kleineren Beträgen kann es sich ja kaum um übertriebene Luxusaufwendungen handeln, denn diese sind erst ab einer bestimmten Obergrenze für den Schuldner strafbar (§ 283 Abs. 1 Ziff 2 StGB). Hat unser armer Hans aber zu diesem Zeitpunkt mehr Geld, als er verspeisen kann, gibt es nur einen Rat:

BERNIE RÄT:

Wer vor der OV noch »rohes Geld« übrig hat, verteilt es am besten unter seine Gläubiger, die er nach lästigen und netten unterscheiden sollte. Man kann dann unter Eid sagen: Das Geld ist weg.

Gibt man sein Geld hundertmarkscheinweise der ersten Gruppe, sind die überzeugt, daß man guten Willens ist (wenn auch unter Zwang) und sind wahrscheinlich weniger lästig.

Gibt man sein Geld der zweiten Gruppe, sind die vielleicht so glücklich, daß sie einem (von dem eben zurückerhaltenen Geld) allerlei Naturalien zur Verfügung stellen, damit man dann sein armseliges Dasein wenigstens unter angenehmen Bedingungen fristen kann.

8,4 % PKW geleast

1983 wurden im Bundesgebiet knapp 2,5 Mill. PKW zugelassen. 210 000 dieser Wagen, daß sind 8,4 % wurden geleast. Fachleute halten die Annahme für realistisch, daß der Leasing-Anteil in kurzer Zeit auf 15 % aller Neuzulassungen ansteigen kann. Das wären etwa 375 000 Fahrzeuge im Jahr. Hinter diesem starken Wachstum steht vor allem das Geschäft mit dem privaten Kunden. Diese Prognose stellte die IKB Leasing GmbH (Hamburg) in ihrem Geschäftsbericht.

Hans würde also erst Marlene auszahlen. Die kann sich dann dafür (und mit diesem Geld) erkenntlich zeigen und ihn für die nächsten drei Monate zum Essen einladen, mal die Miete bezahlen, die Leasingraten für den Porsche und natürlich den gemeinsamen Urlaub in Oberbayern. Hans lebt dann »von seiner Freundin«, wie man in Dutzenden von OV-Protokollen nachlesen kann. Er darf sich nur mit ihr nicht verkrachen. Denn diese liebevollen Zuwendungen müssen absolut freiwillig sein und dürfen keinen Anspruchscharakter haben (sofort könnte gepfändet werden!). Auch seelisch gesehen ist die Freiwilligkeit heilsam. Schon mancher ist da an die falsche Domina geraten, die dann begonnen hat, ihm das Zigarettengeld vorzurechnen.

Geld schenken hingegen ist risikoreich, wenn man

1. nicht früh genug geschenkt hat,
2. die gesetzlichen Sperrfristen nicht im Blick hat oder
3. gar das Vermögensverzeichnis an der entscheidenden Stelle, wo die Schenkungen angegeben werden müssen (da stehen auch die Fristen), nicht richtig ausgefüllt hat.

Es ist sehr wichtig, sich an dieser Stelle noch einmal klarzumachen, daß es strafbar ist, Vermögen zu veräußern, ohne einen entsprechenden Gegenwert dafür zu erhalten. Danach fragt auch das Vermögensverzeichnis: ob man ein Jahr vor dem ersten Termin zur OV über sein Vermögen unentgeltlich verfügt, seinem Ehegatten Vermögen überlassen oder anderweitig an Verwandte veräußert hat. Hier geht es wieder um Strategie. Die Frist beträgt ein Jahr, bei Überlassung an den Ehepartner sogar zwei Jahre, innerhalb derer Vermögenstransferenzen nicht stattfinden durften. Innerhalb dieser Fristen kommt es gar nicht darauf an, ob es einem zum Zeitpunkt der Schenkung gut oder schlecht gegangen ist. Ist man aber schon seit vier Jahren überschuldet und hat z. B. vor drei Jahren das letzte Mal etwas verschenkt, dann muß man es zwar nicht im OV-Protokoll angeben, hat sich aber trotzdem strafbar gemacht. Nur merkt das normalerweise keiner.

Das Gesetz legt die kurzen Fristen, bei denen es auf die Überschuldung gar nicht ankommt, nur deshalb fest, weil sonst jeden Tag Tausende von Schuldnern sich vor dem Rechtspfleger die Haare raufen würden, um herauszubekommen, ob vor sieben Jahren die Kasse noch gestimmt hat oder nicht.

BERNIE RÄT:

Wer seinen Gläubiger ärgern will, der macht es so:

Da lägen noch die 10 000 DM von Hans. Die gibt er auch bei der OV an. Andererseits hat er schon vorher Euro-Schecks an seine anderen Gläubiger in Höhe von zehntausend DM ausgestellt, die etwa mit dem Tage der OV abgehoben waren. Oder unpfändbare Sachen erwerben. So greift der Gläubiger ins Leere.

Was kann man noch mit dem flüssigen Geld machen? Hier eignen sich alle Produkte, bei denen die Ausgaben nicht offensichtlich unsinnig oder übertrieben aufwendig sind. Wer als Ingenieur zur Geschäftsanbahnung nach Abu Dabi fährt (vielleicht wäre er unverschuldet gar nicht auf die Idee gekommen, dort nach neuen Geschäften zu suchen), der kann da nur im Hilton wohnen oder muß im Sand übernachten. Das schadet dem Anzug und den Geschäften. Das Hilton kostet aber 500 DM die Nacht. Das ist natürlich kein Luxus, sondern trauriger Zwang. Wem es Spaß macht, sich mit dem Staatsanwalt später darüber zu streiten, ob ein Abendessen im Luxusrestaurant »Maître« Pflicht oder Neigung war, mag getrost mit anderen Schuldnern anläßlich eines abermals gelungenen Offenbarungseides dort feiern. Schampus für alle.

Perverse Gläubiger können auch auf die Idee kommen, die **Kreditlinie** zu pfänden. Da tut man als Schuldner gut daran, diese immer schön ausgeschöpft zu halten. Oder mit seiner Bank darin übereinzukommen (was diese schon von allein tun wird), dieselbe sofort zu kürzen, wenn ein Pfändungsbeschluß vorgelegt wird.

Dann gibt es noch das **Schließfach,** in dem man Wertsachen, Schmuckstücke, Papiere und auch rohes Bargeld lagern kann. Keiner weiß es, der Offenbarungseid soll es ans Licht bringen. Besteht irgendeine Kenntnis über das Schließfach, so wird der Gläubiger auch verlangen, daß es geöffnet wird. Notfalls mit Gewalt, wenn der Schuldner seinen Schlüssel nicht findet.

Versicherungen sind nicht sicher

Ganz problematisch zu sichern sind Versicherungsansprüche. Außer Risikoversicherungen (Unfall, Feuer, Hausrat, Berufsunfähigkeit), deren Pfändbarkeit eingeschränkt oder untersagt ist (§§ 15, 76 VVG), sind aber alle Kapitalversicherungen und die Risiko-Lebensversicherung von großem Interesse für den Gläubiger.

BERNIE HEMPEL PACKT AUS:

Mit Versicherungen hatte es der Schlosser Alfons Stiene. Er war ein kranker Mann und mußte wegen eines Rückenleidens immer wieder in seine Stammklinik nach Peckelsheim. Da machte der Mann das einzig Richtige, was man tun kann. Er schloß mit mehreren Gesellschaften hohe Tagegeldversicherungen ab. Das brachte 488,40 DM pro Tag. Dann donnerte er sich einen Hammer auf den vorher betäubten Fuß. Das brachte bei 24 Tagen, die die Heilung des Schwellfußes brauchte: 14 598 DM. Und jede Menge Lesezeit für das Strafgesetzbuch samt Kommentaren.

Auch hier erleben wir wieder den menschlichen Aspekt: Der Chefarzt der Klinik, Dr. Arthur Achtelik, war Duzfreund des Schlossers. Und der wußte natürlich, was so ein Krankenhaustag einbrachte. So lebte Alfons Stiene nur noch seinem Rückenleiden und den selbstverschuldeten Krankheiten, denn irgend etwas Reales müßte es schon sein, dachte sich der handfeste Metallverarbeiter und ließ sich von einem

Freund ein Beil gegen das Knie schmettern. Zwischen 1971 und 1977 sammelte er über 200 000 DM und finanzierte sich das langersehnte Eigenheim. Da brauchte er bei der Bank nicht mal die lästigen Formulare auszufüllen.

Wer allerdings ein Gewissen zum Beißen hat, hat es in der Wirtschaftsbranche und vor allem in ihren Randgebieten natürlich schwer. Der hilfreiche Freund entschloß sich nach einem Beichtstuhlgang, die Versicherungen (anonym) zu informieren. Aber – unsere schlaue Polizei ermittelte, und das Gericht nahm dem Mann für seinen Tip noch 1 200 DM ab: wegen Beihilfe zum Betrug. Der Schlosser selbst saß mit 18 Monaten Freiheitsentzug herum. Und da war er schon nervös geworden und ganz schlau: Er verkaufte das eigene Häuschen, erwarb von einem kleinen Teil des Geldes einen kleinen Bauernkotten, versicherte diesen hoch und zündelte ihn an.

Naja, man muß das ja nicht nachmachen. Das sind diese ganz heißen Geschäfte, an denen man sich dann selbst die Finger verbrennt. Eine coole Chefetage bringt da allemal mehr. Und die Grenzen von legal, illegal und scheißegal sind da auch fließender, nicht wahr.

Bei der Lebensversicherung gibt es die Klausel des Erlebensfalles (Auszahlung mit 65 Jahren). Dieser Anspruch kann gepfändet werden. Auch wenn der Schuldner dann nicht weiter einzahlt, selbstverständlich. Der Gläubiger kann sich den Kündigungsanspruch überweisen lassen und dann die Versicherung vorzeitig kündigen.

Bei Kapitalversicherungen gibt es in der Regel nur einen Schutz: die unwiderrufliche Begünstigung eines Dritten. Das heißt, insofern Alois seine Lebensversicherung auf seine beiden Söhne hat überschreiben lassen, damit sie wenigstens irgend etwas erben können, ist sie nutzlos für die Autobank – allerdings interessant für Druck-Optimal (wenn sie solange warten wollen, bis Alois stirbt). Denn der Anspruch von Hans an die Lebensversicherung von Alois ist auch pfändbar. Aber: Hans weiß ja Gott sei Dank nicht, daß er Begünstigter ist. Also muß er es beim OV auch nicht angeben. Und den OV von Alois wird Druck-Optimal nicht lesen.

Übrigens muß der Versicherungsschein vorliegen, d. h. der Gerichtsvollzieher muß ihn beschaffen. Wenn er ihn nicht schon vorher in den Papieren von Alois gefunden hat, was ja nicht der Fall war. Wir erinnern uns: »Alles bei schönem Wetter zu Opa.«

Soziale Ansprüche

Nicht alles, was an Guthaben auf den Konten steht, ist pfändbar: Renten, Versorgungsbezüge, Unterhaltsansprüche, Kindergeld oder Wohngeld unterliegen einem Pfändungsschutz von sieben Tagen. Wer nach sieben Tagen seine Rente noch nicht braucht, braucht keine, hat das Gericht definiert und überläßt dem Gläubiger das Geld.

BILD
24. SEP. 1981

Hilfe! Auch Rente kann gepfändet werden

Auch Rente kann gepfändet werden! Beispielsweise dann, wenn ein Rentner seinen Unterhaltsansprüchen nicht mehr nachkommt. Die Pfändung darf aber nur so hoch sein, daß der Rest für seinen Lebensunterhalt noch ausreicht.

BZ
2. MAI 1980

Kindergeld kann gepfändet werden

Auch das Kindergeld kann nach einem Urteil des Oberlandesgerichts Köln gepfändet werden.

Gepfändet werden kann das Kindergeld dann, wenn Mietforderungen für eine Wohnung bestehen, die auch ein Kinderzimmer hat.

Unpfändbar ist das Kindergeld bei Schulden für den allgemeinen Familienaufwand, wie Heizölrechnung oder Kauf einer Waschmaschine (AZ 2 W 117/79).

BILD DER FRAU # 29
18. Juli 1983

Kindergeld wird gepfändet

Obwohl Kindergeld eine Sozialleistung ist, kann es in besonderen Fällen (z. B. Steuerhinterziehung) gepfändet werden. Kindergeld darf mit dem übrigen Einkommen des Schuldners in einen Topf geworfen werden. (BFH, VII R 98/80)

BERNIE RÄT:

Es läuft immer wieder auf dasselbe hinaus: Bekannte Konten müssen leer sein.

Wer nach der Offenbarungsversicherung, in der er seine Bankkonten wahrheitsgemäß hat angeben müssen, nicht spätestens am nächsten Tag diese abgeräumt oder gekündigt hat, um bei einer anderen Bank in einem anderen Ort ein Konto aufzumachen, dem ist auch nicht mit diesem Buch zu helfen. Denn Leuten, die zu faul sind, von 2213 Landrecht (Ostfriesland) zu ihrer neuen Raiffeisenbank nach 8741 Langen-Leiten, Post Sandberg (Unterfranken), zu fahren, um sich die täglich benötigten 7,50 DM Zigarettengeld zu holen, denen fehlt die nötige Energie, um kreativ Schulden zu machen.

Mit anderen Worten, wer Sozialhilfeempfänger ist, soll ein Konto haben und es gefälligst spätestens sieben Tage nach der Überweisung abräumen, jeden Monat. Übrigens darf – etwa bei Rentnern – nicht so weit gepfändet werden, daß der Schuldner Sozialhilfe beantragen muß. Denn dann würde der Staat sich ja ins eigene Bein beißen: Er würde einem privaten Gläubiger zu seinem Geld verhelfen, indem er aus dem Steuersack dem nun total verarmten Schuldner das Überleben garantiert. So etwas macht Helfershelfer Staat nur bei großen Schuldnern, zusammenbrechenden Konzernen etwa. Denen hilft er auf die Beine und geht dabei selbst in die Knie. Bei armen Leuten ist Vater Staat strenger:

Sozialleistungen sind also in bestimmten Fällen pfändbar. Bis 1978 war z. B. Kindergeld vor dem Gläubigerzugriff sicher, aber dann stellte ein Gericht fest, daß Kindergeld der allgemeinen wirtschaftlichen Entlastung dient und nicht spezifisch dem Kinde zugeführt werden muß. Also kann auch Kindergeld gepfändet werden.

CHECKLISTE:

— Grundprinzip bei der Offenbarungsversicherung: Man darf nicht lügen, aber verzögern. Langsame Schuldner kommen nur langsam ins Gefängnis, wenn sie nicht die Hosen runterlassen.

— Habe ich schon in die Lohnpfändungstabelle geschaut, um zu sehen, wieviel mir nach der Pfändung bleibt? Das ist nicht selten genausoviel, wie man sowieso schon hat!
— Sollte ich nicht mit einem anderen Schuldner (oder Schuldnerin) zusammenziehen, dann hat man gleich zweimal 754 DM Unpfändbares, und von 1 508 DM kann man zu zweit doch manchen Kühlschrank teilen.
— Habe ich sonst noch einen reichen Freund (Freundin), von dem (der) ich leben kann?
— Habe ich armer Schuldner nicht selbst noch Forderungen gegen andere? Gut so, besonders, wenn ich schon kein Geld von meinen Schuldnern zurückbekommen konnte. Deren Namen gehören ins OV-Protokoll. So wird mein Gläubiger sich im Geier-Sturzflug auf die Beute werfen und einige Zeit damit beschäftigt sein, ob er es besser kann als ich.

Sorgenfrei und schuldenbelastet

Mit der **Offenbarungsversicherung** hat man endlich den »Diplomatenpaß«, die **Sicherung** gegen den Gläubiger. Den »Jagdschein« für neue Geschäfte. Hat man an Eides statt versichert, daß man ein armes Schwein ist, dann darf man sich **drei Jahre** lang ungeniert wieder mästen. Wenn es keiner merkt. Denn so lang dauert die Frist, bis man wieder vorgeführt wird.

Allerdings gibt es für den Gläubiger eine Chance zur **Ergänzungs-OV:** wenn er berechtigten Verdacht hat, daß der Schuldner fehlerhafte oder unrichtige bzw. unvollständige Angaben gemacht hat. Wenn etwa jemand zum Zeitpunkt der OV arbeitslos war, sich aber nicht um Arbeitslosenunterstützung bemüht hat, so liegt der Verdacht nahe, daß der Mann wieder Arbeit hat oder anderweitig Geld herbekommt.

Oder der Bio-Rohgemüse-Vertrieb versucht den Gläubiger von Hans, Druck-Optimal, mit dem Hinweis abzuwimmeln, Herrn Hempels Planlos International versuche sich gerade an einem »Relationalen Datenbanksystem« für die Deutsche Lufthansa und habe dort der Sage nach 50 000 DM als Vorschuß erhalten.

Ein Druck-Optimal-Geschäftsführer könnte Hans Hempel natürlich auch in einem Nobelrestaurant, wo keine Rechnung unter 500 DM ausgestellt wird, ertappen. Aber da ist es schon nach 21 Uhr, wo man keinen Eilgerichtsvollzieher für die Taschenpfändung auftreiben kann. Druck-Optimal-Angestellte könnten vor dem Computer-Büro von Hempel stehen und warten, wohin der Planlos-International-Chef seine Schritte lenkt, vielleicht zum Programmierzentrum der Colonia-Versicherung, wo man dann eine Pfändung vornehmen könnte. Aber: Druck-Optimal muß ja Drucker verkaufen und kann doch nicht hinter jedem Schuldner herlaufen. Bleiben noch Detektiv- und Inkassobüros. Aber die kosten auch Geld, und der Gläubiger weiß nie, ob er's wiederbekommt.

Der Antrag auf Ergänzung des Vermögensverzeichnisses kann so oft vom Gläubiger gestellt werden, wie er den Verdacht belegen kann, daß unvollständige Angaben oder neue Tatbestände vorliegen. Diesem Antrag muß natürlich vom Gericht stattgegeben werden. Hält das Gericht die Gründe für nicht ausreichend und damit das Verfahren für abgeschlossen, ist tatsächlich drei Jahre Ruhe.

BERNIE RÄT:

Nach der OV dem Gläubiger aus den Augen gehen.

Denn: aus den Augen, aus dem Sinn. Das wirkt fast immer. (Es sei denn, der Gläubiger hätte ein Computergedächtnis und wäre zu allem Überfluß eine Behörde oder sonst jemand mit langem Atem.)

Natürlich ist nach der OV auch die Kreditwürde hin, aber die war vorher schon wackelig genug. Denn der SCHUFA war die ganze Geschichte ja immer schon bekannt. Jetzt stehen die Namen von Alois und Hans aber noch in der sogenannten Schwarzen Liste des Amtsgerichts. Diese Quelle ist jedermann zugänglich. Ein öffentliches Verzeichnis, welches in jedem der etwa 500 Amtsgerichte ausliegt.

Das Problem für jeden zukünftigen Gläubiger wäre natürlich, 500mal nachfragen zu müssen, um einen vollständigen Überblick über die Verschuldungssituation von Planlos International zu erhalten, denn die Schwarze Liste ist keineswegs bundeseinheitlich.

Fünfhundertmal achtzig Pfennig Porto sind auch schon vierhundert Mark – für ein unsicheres Ergebnis. Und ist nicht Vertrauen die Basis des Geschäfts?

Andererseits sollte Hans, wenn er nicht wirklich eine betonsichere Erwerbschance vor Augen hat, nach der OV vorsichtig mit seinen Kreditwünschen sein. Denn wer gerade geschworen hat, daß er keine müde Mark besitzt, was könnte der ehrlicherweise für Sicherheiten bieten? Und schon steht der Eingehungsbetrug vor der Tür (§ 263 StGB).

Ein Schlupfloch könnte es allerdings trotzdem noch geben.

BERNIE RÄT:

Sich einen Auftrag besorgen, einen privaten Geldgeber finden (eine Bank wird einem nach der OV sicher nichts geben) **und diesem die Einkünfte aus dem Auftrag als Sicherheit anbieten.**

Dem neuen Gläubiger muß Hans allerdings die Risiken des neuen Auftrags wahrheitsgemäß schildern. So könnte Planlos International erst mal weiterplanen. Wenn Druck-Optimal, der Altgläubiger, hinter den neuen Auftrag kommt, mag getrost gepfändet werden: Es ist immer noch nichts da, denn die neuen Einkünfte sind schon dem neuen Geldgeber zugesichert. Und das geliehene Geld pfandsicher investiert oder konsumiert.

BERNIE HEMPEL PACKT AUS:

Je wahnwitziger die Idee ist, desto glaubwürdiger. Der Mensch hofft gerne auf das fast Unmögliche. Die Wirtschaftsauskunftei Schimmelpfeng vermutete einmal, daß 75% der Anlagefirmen unseriös bis kriminell wären. Und doch, so erläuterte der Schimmelpfeng-Geschäftsführer, gebe es immer noch viele Leute, »die ihr Geld eher in den Sand setzen, als es dem Finanzamt zu geben«.

Na, das ist ja interessant: die Anlagefirmen in der Nähe der Sekten! Mit der Hoffnung auf einen hohen, aber zweifelhaften Gewinn dahin

gehen, wo Leute ihr Geld loswerden wollen. Man muß sie nur überzeugen, wofür.
Für amerikanische Walnußplantagen, heimische Eisrevuen, den Bau von Donau-Kreuzfahrtschiffen, die Entwicklung eines neuen Automotors, kanadische Öl-, Gas- und Goldvorkommen, Ananas-Plantagen in der Arktis und jede Menge Eigentumswohnungen an Goldstränden und in Millionenstädten. So zahlten in den letzten Jahren vor allem Ärzte, Unternehmer, Angestellte und Anwälte in die Kassen der Anlage-Optimierer: 100 000 000 000 DM.

Solche Leute sind vertrauensselige Menschen, auch wenn sie es nicht wahrhaben wollen. Das wußte auch der stets gut gekleidete Wilhelm Härtner, wenn er mit seinem immer frisch gekauften Mercedes auf Kundenbesuch ging. Der schon angegraute Erfolgsmensch hatte Erfahrungen und Geld gesammelt beim Verscherbeln von Schweizer Eigentumswohnungen und Ferienparks in Spanien. Er gab auch Kleinanzeigen auf, in denen er »sichere Kapitalanlage mit hohem Zins« anbot. Kleinen und mittleren Gewerbetreibenden redete er bis zu 60% Gewinn ein und nahm elf von ihnen über eine Million DM ab. Ein ganz großes Ding drehte er allerdings mit einem echten Märchen. (Wir wissen: Da sind die Investitionen nahe Null!)

Er, Wilhelm Härtner, besitze den Lageplan eines Nazi-Schatzes, der in Schloß Ziegenberg, nördlich Frankfurt, vergraben sei. Zum Ausbuddeln müsse man das Schloß zeitweise erwerben. Mal fünf, mal zweieinhalb Millionen sollte es kosten, je nachdem, wie finanzkräftig Härtners Gegenüber aussah. Und tatsächlich zahlte ein Dr. Schmitz aus Bad Nauheim im Laufe von vier Jahren 416 000 DM: für die Hoffnung. Ein Ingenieur war in demselben festen Glauben und schraubte sich 230 000 Mäuse ab. (Ich sage ja, man muß nur die richtigen Leute ansteuern – bevor das Finanzamt kommt!)

Als Begründung erläuterte Härtner die Kaufabsichten von Scheichs oder dem zwischenzeitlich ja auch bankrotten Photo-Porst. Und um den Glauben aufrechtzuerhalten, wies er sogar einmal die Schatzkarte vor: eine postkartengroße Landkarte aus den USA, welche ja ohnehin das Land der tausend Möglichkeiten sein sollen. Der Schatz, immer farbiger gemalt – Brillanten und Bilder –, verlor denn irgendwann doch seine Anziehungskraft. Weder der Schloßbesitzer selbst, dem Härtner halbe-halbe anbot, noch das Gericht mochte den Schatz für wahr halten, und letzteres bot Härtner dann auch drei Jahre wegen Betrugs an. Und der konnte das Angebot nicht zurückweisen.

Alles in allem, hier sehen wir den Fehler des Starrsinns. Der Mann hätte sich mit den gesammelten zwei Millionen in Südamerika eine kleine Ranch kaufen sollen. Oder so.

Was kann man nun mit den gewonnenen drei Jahren anfangen?

Einmal kann man weitere drei Jahre abwarten. Und dann guten Glaubens sein, daß insbesondere Großgläubiger (nicht Pflichtversicherer, Finanzämter, E-Werke, Behörden) die 20 000 DM oder mehr abgeschrieben haben. Man kann irgendwann, spätestens aber nach fünf Jahren, einmal bei der SCHUFA nachfragen. Denn selbst, wenn alles richtig ist, so muß es doch nach fünf Jahren in den Staub des Vergessens fallen (§ 35 Datenschutzgesetz). Die Schwarze Liste muß nach drei Jahren gelöscht werden, weil das die Frist für den nächsten Offenbarungstermin ist. Die Erfahrung zeigt, daß nur etwa die Hälfte aller Gläubiger nach drei Jahren noch einmal offenbaren läßt. Und nach **sechs oder neun Jahren** sind die meisten **Schulden** der **Abschreibung** zum Opfer gefallen.

Die bringt dem Gläubiger zwar nicht direkt Geld, aber doch die halbe **Steuerersparnis.** So rechnet auch Druck-Optimal, die nach drei Jahren auf ihre 10 000 DM plus Zinsen, Kosten und Gebühren = 15 000 DM keine Hoffnung mehr haben und daher 7 500 DM von der Körperschaftssteuer absetzen können. Und 7 500, die da als Verlust bleiben, sind je nach Geschäftsumfang vielen Gläubigern nicht mehr der Rede wert.

Anders ist es bei den »öffentlichen Händen«, die manchen Kopfstand machen, um 200 DM Telefongebühren 15 Jahre hinterherlaufen zu können, denn denen sind die Personal-, Verwaltungskosten und Gebühren gleich.

Nun kann Hans also tatsächlich machen, was er will, und irgendwie in den USA noch Neuigkeiten lernen, dort Kredite aufnehmen, denn im Ausland hindert ja keine Information seine Kreditwürde. Er kann dort eine Arbeit annehmen etc. Er kann seinen ausländischen Wohnsitz sogar nach Deutschland melden: an seinen Gläubiger. Denn mit den USA gibt es kein Rechtshilfeabkommen, also werden deutsche Titel dort grundsätzlich nicht vollstreckt. Amerikanische Gerichte zu bemühen ist möglich, macht aber wenig Freude, denn die Anwaltskosten sind oft höher als die 10 000-DM-Forderung. Das schreckt Gläubiger ab.

BERNIE RÄT:

In den Augen des Gesetzes muß der Schuldner ein armer Mensch bleiben. Es kommt also darauf an, wie man ihm unter dieselben tritt.

Da ist es am besten, wenn man sich keine »bleibenden Werte« anschafft, keine Ersparnisse bildet, sondern nur eine Art **Durchlauferhitzer des Geldstromes** ist. Das hat den volkswirtschaftlichen Nutzen der Steigerung des Bruttosozialprodukts und des eigenen Wohlbefindens, denn man muß nun fleißig konsumieren: von der Hand in den Mund.

Man kann auch die asoziale Variante wählen und es sich in der Umgebung von reichen Menschen wohl ergehen lassen, die einen einfach nur mögen, mit denen man früher schon gut befreundet war und nette Geschäfte gepflegt hat. Man darf selbst nur nicht mehr haben als das Hemd auf dem Leib, garniert mit den zulässigen, unpfändbaren Sozialansprüchen. Aber wer einmal unternommen hat und noch nicht in den Jahren ist, wird vielleicht die Version Durchlauferhitzer vorziehen.

Auf die Spur kommt solchen pfiffigen Schuldnern nur ein Gläubiger, der seinem guten Geld noch einiges hinterherwirft, Detekteien beauftragt, selbst Nachforschungen anstellt, Anwälte beschäftigt. Dann hilft tatsächlich nur noch das Leben im Ausland mit bekannter Adresse und vielleicht unsinnig niedrigen Teilzahlungsüberweisungen. Beide Maßnahmen sollen nur dafür sorgen, daß der Gläubiger die Hoffnung nicht verliert. Dann kann über die Jahre hin sogar ein herzliches Vertrauensverhältnis aufglimmen zwischen Hans Hempel, Druck-Optimal und vielen anderen Gläubigern, die Planlos International sich im Laufe der Zeit geleistet hat. Er wird wohl einer der wenigen sein, der treuherzig alle drei Monate aus Fuerteventura oder aus einem irischen Dorf oder aus der Hektik New Yorks 100 DM (abzüglich Auslandsüberweisungsspesen) löhnt. Solche Anhänglichkeit rührt den Gläubiger zu Tränen, und nach sieben Jahren ist alles im Grunde der Geschäftsabläufe versandet. Wie man weiß, erhalten ja gerade die kleinen Geschenke die Freundschaft, und um etwas anderes handelt es sich ja bei dieser Art Rückzahlung auch nicht. Ist einmal alles vergessen, kann Hans sich auch

auch mühe- und straflos wieder Kapital besorgen. Denn ohne Kapital geht natürlich in der kapitalistischen Wirtschaft gar nichts. Wie der Name schon sagt. Kommt nur drauf an, wie man drankommt, am besten so, daß einem keiner draufkommt, sonst ist man dran. Im übrigen verweise ich auf die bestehenden Gesetze. Und die sind – wir wissen es – für alle da.

Ta... ute si... Bahnhof ... m frühen Donnerstagmo... farbige Amerikaner ein: „Wir wollen zu... ordweststadt." Die Fahrgäste lotsten den jungen Fahrer des Taxi-Unternehmens Woge in die Ricarda-... (Ginnheim)... spürte er plöt... eistesgegenwärti... H. nach dem Messer-Mann, drückte m... linken Hand den Funk-Alarm und ließ si... aus dem Wagen fallen. Die Räuber waren so überrascht, daß sie ohne die Geldtasche des Taxifahrers flüchteten.

Staatsanwalt: „Brillanter Reiseorganisator gehört nicht ins Gefängnis" – Bewährung!

rr Frankfurt, 19. April

Reisebürokaufmann Gerald Reiner H. (36) war Senkrechtstarter. Mit seiner „Pan Tourist" (Dietzenbach) organisierte er Erlebnisreisen, machte Millionenumsätze.

Doch dann verlor er in der Anlagenbranche 100 000 Mark. Ein (falscher) Steuerbescheid vom Finanzamt über 200 000 Mark machte das Maß voll. Gerald H. drehte durch, nahm 324 000 Mark aus der Firmenkasse, tauchte mit seiner Freundin in Malaga (Spanien) unter.

Vier Monate später kehrte er reumütig zurück – 50 000 Mark hatte er ausgegeben.

Gestern stand er vor Gericht: Untreue! Staatsanwalt Koch sprach **für** den Angeklagten: „Er hat soviel dagelassen, daß die Gehälter für seine Angestellten bezahlt werden konnten. So ein brillanter Reiseorganisator gehört nicht ins Gefängnis. . ."

Verteidiger Georg von Rosenthal: „Nach so einem Plädoyer für meinen Mandanten bleibt mir kaum noch was zu sagen." Urteil: 18 Monate auf Bewährung.

Gerald H. kann weiterorganisieren, seine Frau ist jetzt der Chef.

Zitatenschatz

Ein chaotisches Sammelsurium rund ums Thema dieses Buches

Ratenkreditbanken spüren Aufwind

Eine deutliche Geschäftsbelebung im 1. Halbjahr 1984 konnten die im Bankenfachverband Konsumenten- und gewerbliche Spezialkredite (BKG) e. V. zusammengeschlossenen Ratenkreditbanken verzeichnen. Das Kreditvolumen bei gewerblichen Kunden sei um annähernd 10 % gestiegen und dokumentiere damit eine kräftige Investitionsneigung der im Kundenkreis vorherrschenden mittelständischen Unternehmen.

Aber auch der Verbraucher zeige sich mittlerweile wieder optimistischer und damit konsumfreudiger. Während man im Vorjahr noch rückläufige Zahlen im Ratenkredit für Konsumenten verbucht habe, zeichne sich jetzt bereits ein Plus von mehr als 2 % ab. Mit einem Kreditvolumen von augenblicklich 15,5 Mrd. DM sind die Ratenkreditbanken nach eigenen Angaben hinter den Sparkassen der größte Kreditgeber dieser Sparte.

Verbrauchsinduzierte Verschuldung auf 2525 DM gestiegen

Die zur Mitte des laufenden Jahres von Kreditinstituten insgesamt ausgewiesenen Kredite an Privatpersonen in Höhe von 161,2 Mrd. DM stellen eine neue „historische" Rekordmarke dar: Indiz dafür, daß der Konsumentenkredit sowohl im Aktivgeschäft der Banken als auch bei der Konsumfinanzierung der privaten Haushalte im längerfristigen Vergleich an Gewicht gewonnen hat. Ende Juni 1984 besaß er einen Anteil von 11,6 % an den Bankkrediten, die an inländische Unternehmen und Privatpersonen vergeben worden waren. Vor 10 Jahren hatte diese Quote erst bei 8 % gelegen. An der Finanzierung der Konsumausgaben wiederum haben Kredite inzwischen (4. Quartal 1983) einen Anteil von fast 17 % erreicht – nach 16 % Ende 1982. Selbst die Rezessionen 1974/75 und 1981/82 vermochten die Expansion des Konsumentenkreditgeschäfts nicht aufzuhalten. Die Folge: Pro Kopf der Bevölkerung ist die verbrauchsinduzierte Verschuldung zwischenzeitlich (Ende 1983) auf 2525 DM gestiegen. Diese Angaben sind einem Trendbericht der Bayerischen Landesbank Girozentrale, München, zu entnehmen.

Durchschnittlicher Schuldenstand von 6 800 DM je privaten Haushalt

1983 haben die privaten Haushalte Konsumentenkredite in Höhe von 12 Mrd. DM in Anspruch genommen. Das waren zwei Drittel mehr als 1981. Stark gestiegen im Vergleich zu den Vorjahren ist die Aufnahme langfristiger Kredite. Offenbar ist nun der Nachfragestau bei langfristigen Gebrauchsgütern abgebaut worden, der sich in den Jahren der Kreditzurückhaltung gebildet hatte. Diese Angaben gehen aus einer Untersuchung über die Vermögenseinkommen der privaten Haushalte in der Bundesrepublik Deutschland 1970 bis 1983 hervor, den das Deutsche Institut für Wirtschaftsforschung (DIW), Berlin, vorgenommen hat. Danach beliefen sich die Verpflichtungen der privaten Haushalte am Ende des vergangenen Jahres insgesamt auf knapp 169 Mrd. DM. je privaten Haushalt gerechnet, ergab sich ein durchschnittlicher Schuldenstand von 1 500 DM (1970) bzw. 6 800 DM (1983). Auf Konsumentenschulden wurden 1983 Zinsen in Höhe von 18 Mrd. DM gezahlt.

Wie der Studie weiter zu entnehmen ist, hatten die privaten Haushalte Ende 1983 insgesamt einen Geldvermögensbestand in Höhe von fast 1,9 Bill. DM angesammelt. Das waren mehr als dreimal soviel wie 1970. Je Haushalt gerechnet ergab sich ein Durchschnittsvermögen von knapp 76 000 DM (1983) gegenüber 24 000 DM (1970).

In einer zusammenfassenden Wertung kommt das Institut zu dem Schluß, daß es zwischen den durchschnittlichen Vermögenseinkommen der einzelnen sozialen Gruppen eine augenfällige Disparität gibt.

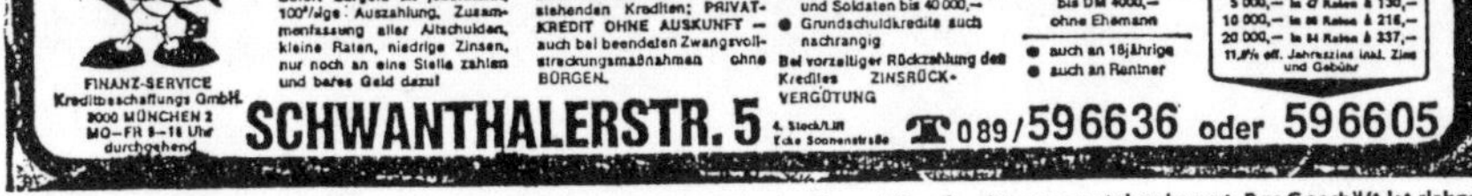

So werben professionelle Kreditgeber in einer Münchner Tageszeitung für eine Finanzhilfe, die oft teuer zu stehen kommt. Das Geschäft ist riskant

Bedingungen für Ratenkredite

1. Gesamtschuldverhältnis

1. und 2. Kreditnehmer haften als Gesamtschuldner.

2. Zinsberechnung

Der angegebene Zinssatz gilt für die gesamte Laufzeit.
Die BfG berechnet die Zinsen monatlich auf den jeweils in Anspruch genommenen Kreditbetrag. Die ausgewiesenen monatlichen Raten sowie der im Kreditantrag genannte Gesamtzinsbetrag und die Bearbeitungskosten sind unter der Voraussetzung der Einhaltung der vereinbarten Zahlungstermine und nachschüssiger Zahlungsweise (zum nächsten Monatsultimo) angegeben.
Der umseitig angegebene Gesamtzinsbetrag gilt unter der Voraussetzung, daß zwischen dem Tag der Auszahlung und der Fälligkeit der ersten Rate nicht mehr als 30 Tage liegen. Bei mehr als 30 Tagen erhöht sich der Gesamtzinsbetrag auf der Grundlage des umseitig genannten Zinssatzes. Die im Kreditantrag genannten Zinsen und Bearbeitungskosten bzw. die letzte Rate verändern sich, wenn von den oben angeführten Voraussetzungen abgewichen wird.

3. Mitteilungspflichten

Kreditnehmer und Bürge haben Änderungen des Familienstandes und der Anschrift sowie jeden Arbeitsplatzwechsel der BfG unverzüglich schriftlich anzuzeigen. Kreditnehmer und Bürge werden die BfG von weiteren beabsichtigten Lohn- oder Gehaltsabtretungen vorab in Kenntnis setzen.

4. Kündigungsrecht

4.1 Der Kredit kann von dem/den Kreditnehmer(n) – unter Einhaltung der gesetzlichen Kündigungsfrist – ganz oder teilweise zurückgezahlt werden.

4.2 Die jeweilige Kreditforderung kann von der BfG sofort gekündigt werden, wenn

4.2.1 der/die Kreditnehmer mit der Zahlung von mindestens zwei aufeinanderfolgenden Tilgungsraten ganz oder zum Teil im Rückstand ist/sind, oder

4.2.2 er/sie wegen rückständiger Raten mindestens dreimal unter Setzung einer angemessenen Frist gemahnt worden ist/sind, oder

4.2.3 gegen den/die Kreditnehmer oder Bürgen ein Verfahren zur Abgabe der eidesstattlichen Versicherung anhängig ist, über dessen/deren Vermögen ein Konkurs- oder gerichtliches Vergleichsverfahren eröffnet oder die Eröffnung eines dieser Verfahren beantragt wird, oder wenn der/die Kreditnehmer einen außergerichtlichen Vergleich anbietet(n) oder der/die Kreditnehmer oder Bürge(n) der BfG gegenüber unrichtige Angaben gemacht hat/haben oder die gemäß Ziffer 3 dieser Bedingungen zu erstattende(n) Meldung(en) unterlassen hat/haben oder im Falle des Ablebens der/des Kreditnehmer(s) oder Bürgen, es sei denn, daß die Erben unter Verzicht auf die ihnen zustehenden erbrechtlichen Haftungsbeschränkungen die Erbschaft annehmen.

5. Zahlungsverzug

5.1 Zahlungen der Kreditnehmer zu Lasten eines bei der BfG geführten Kontos gelten nur dann als Tilgung, wenn die Zahlungen aus entsprechenden Guthaben erfolgen. Andernfalls ist die BfG berechtigt, die Gutschriften auf dem Kreditkonto zu stornieren.

5.2 Im Falle des Zahlungsverzuges ist die BfG berechtigt, für den rückständigen Betrag Verzugszinsen im Rahmen des § 315 BGB zu verlangen. Daneben wird die BfG Mahnkosten sowie die Kosten der Rechtsverfolgung gesondert berechnen.

5.3 Solange ein Kreditnehmer im Rückstand ist, werden Zahlungen zunächst auf die Kosten und Zinsen, dann auf den jeweiligen Kreditbetrag verrechnet.

6. SCHUFA-Klausel

Gemäß Einwilligung des/der Kreditnehmer(s) oder Bürgen ist die BfG berechtigt, der Schutzgemeinschaft für allgemeine Kreditsicherung (SCHUFA) Daten des/der Kreditnehmer(s) oder Bürgen über die Aufnahme (Kreditbetrag, Laufzeit, Ratenhöhe) und Abwicklung dieses Kredites zur Speicherung zu übermitteln. Die Adresse der SCHUFA finden Sie auf dieser Seite.

7. Erfüllungsort und Gerichtsstand

Erfüllungsort ist Sitz der kontoführenden Stelle der BfG. Gerichtsstand ist Sitz der kontoführenden Stelle der BfG für den Fall, daß der im Klageweg in Anspruch genommene Kreditnehmer/Bürge nach Vertragsabschluß seinen Wohnsitz oder gewöhnlichen Aufenthaltsort aus der Bundesrepublik Deutschland oder Berlin verlegt oder sein Wohnsitz oder gewöhnlicher Aufenthalt zum Zeitpunkt der Klageerhebung nicht bekannt ist. Auch in diesem Fall findet deutsches Recht Anwendung.

Die Adresse der regional zuständigen SCHUFA lautet:

Sehr verehrte Kundin,
sehr geehrter Kunde,

wir freuen uns, daß Sie von unserem Kreditangebot Gebrauch machen und bestätigen Ihnen hiermit das Zustandekommen des Kreditvertrages.

Mit freundlichen Grüßen

Bank für Gemeinwirtschaft
Aktiengesellschaft
Niederlassung

____

Ort, Datum

Unterschriften

Finanzierungsbeispiele für Ratenkredite

(Stand: Mai 1984)

z. B.: COMMERZBANK

Unter DM 10 000,– Zinssatz: 0,45% pro Monat
Ab DM 10 000,– Zinssatz: 0,43% pro Monat
Bearbeitungsgebühr: einmalig 2%

Kreditbetrag	Laufzeit der Rückzahlung in Monaten 12	24	36	47	60	72
10 000,–						
G	**10 716,–**	**11 232,–**	**11 748,–**	**12 221,–**	**12 780,–**	**13 296,–**
eR	893,–	468,–	303,–	215,–	213,–	161,–
wR	893,–	468,–	327,–	261,–	213,–	185,–
11 000,–						
G	**11 788,–**	**12 355,–**	**12 923,–**	**13 443,–**	**14 058,–**	**14 626,–**
eR	975,–	510,–	358,–	241,–	193,–	142,–
wR	983,–	515,–	359,–	287,–	235,–	204,–
12 000,–						
G	**12 859,–**	**13 478,–**	**14 098,–**	**14 665,–**	**15 336,–**	**15 955,–**
eR	1 067,–	552,–	378,–	267,–	232,–	193,–
wR	1 072,–	562,–	392,–	313,–	256,–	222,–
13 000,–						
G	**13 931,–**	**14 602,–**	**15 272,–**	**15 887,–**	**16 614,–**	**17 285,–**
eR	1 160,–	595,–	397,–	293,–	271,–	174,–
wR	1 161,–	609,–	425,–	339,–	277,–	241,–
14 000,–						
G	**15 002,–**	**15 725,–**	**16 447,–**	**17 109,–**	**17 892,–**	**18 614,–**
eR	1 241,–	637,–	452,–	319,–	251,–	225,–
wR	1 251,–	656,–	457,–	365,–	299,–	259,–
15 000,–						
G	**16 074,–**	**16 848,–**	**17 622,–**	**18 332,–**	**19 170,–**	**19 944,–**
eR	1 334,–	702,–	472,–	346,–	290,–	277,–
wR	1 340,–	702,–	490,–	391,–	320,–	277,–
16 000,–						
G	**17 146,–**	**17 971,–**	**18 797,–**	**19 554,–**	**20 448,–**	**21 274,–**
eR	1 427,–	744,–	492,–	372,–	329,–	258,–
wR	1 429,–	749,–	523,–	417,–	341,–	296,–
effektiver Jahreszins in %	14,07	12,15	11,40	10,98	10,63	10,38

Garski vor Gericht

Gefahr des Scheiterns unterschätzt

Als sich der Mann mit den unverwechselbaren strahlend blauen Augen, seines Zeichens Bauunternehmer und Architekt, im Dezember 1980 »instinktiv« nach Kanada absetzte, begann die Stadt zu brodeln. Hausbesetzungen und Freudenfeste auf den Straßen begleiteten das Stolpern einer 30jährigen SPD-Regierung, die schließlich auf die Schnauze fiel: Der Mann soll der Stadt eine offene Rechnung — die Rede war von 138 Millionen Mark — hinterlassen haben. Seine Kredite von der Berliner Bank, für die das Land Berlin mit 90 % gebürgt hatte, waren im Laufe des Jahres 1980 im arabischen Wüstensand versickert. Der Skandal war perfekt und brauchte einen Prügelknaben. Seit gestern ist es soweit: Für die nächsten Monate wird sich Dietrich Garski in Moabit wegen Betrug in besonders schweren Fällen und Urkundenfälschung zu verantworten haben. An seinem ersten Verhandlungstag bestritt der Angeklagte die Vorwürfe aufs Entschiedenste, »alles was ich getan habe, geschah reinen Gewissens«.

Das große öffentliche Interesse, mit dem der langerwartete Prozeß gegen den 53jährigen Architekten gestern morgen Anfang nahm, war in den frühen

mand in Berlin habe damals Erfa mit einem solchen Großproje oder sei in der Lage gewe einzuschätzen

Gezahlt wird aus der Staatskasse

Hat die Berliner Bank im Fall Garski versagt?

Die Mitarbeiter des Architekten Dietrich Garski ahnten schon lange, daß es mit ihrer Firma nicht zum besten stand. Sie hatten wohl eine bessere Informationsquelle als Bankiers und Bürgen.

Es war der Papierkorb, der in Garskis Firma neben dem Kopiergerät stand. Dort entdeckten findige Kollegen achtlos weggeworfene — weil fehlerhafte — Kopien i

Millionen Mark sind davon staatlich verbürgt. Gezahlt wird in jedem Fall aus der Staatskasse, denn die Berliner Bank gehört dem Land Berlin.

In Garski, der bis dahin in Berlin mit Schulprojekten sow lichsten Neubau der S ger am 7

tunc" sehen, „aus dem da Gesichtswinkel". Und der w fenbar ein wenig verstellt.

Denn bei Durchsicht der Kred unterlagen hätte Alarm

BERLIN

Volle Deckung

Der Star-Architekt Garski ist wieder in Haft. Im Betrugsverfahren gegen ihn hat die Staatsanwaltschaft das Verschwinden von Senats-Millionen rekonstruiert.

Als Dietrich Garski, 53, am späten Mittwochabend von einem Fischessen nach Hause kam und die Gartentür hinter sich schloß, hechteten drei Gestalten über den Zaun. Es waren Kriminalbeamte, die den Nachtschwärmer fest-

Na. „Baute Ausland mal als Gardeiner und der die Bunde lich 1983 a festgesetzt. nahm sich Verdächtig jahr gegen von der H

Nun si angesich Strafe

Dietrich Garski: Ich besitze heute kein verborgenes Vermögen

Früherer Bauunternehmer weist vor Gericht Vorwurf des Betrugs zurück

Vor der Fünften Großen Strafkammer des Landgerichts hat gestern der Prozeß gegen den 53jährigen Architekten und ehemaligen Bauunternehmer Dietrich Garski begonnen. Der frühere Geschäftsführer der „Bautechnik AG", dessen Millionenbaupleite im Frühjahr 1981 zum Sturz des sozialliberalen Stobbe-Senats beigetragen hat, muß sich wegen Betruges in besonders schweren Fällen und Urkundenfälschung verantworten. In einer allgemeinen Erklärung wies Garski gleich zu Beginn der Verhandlung die Betrugsvorwürfe zurück richtet, wird d

in einem fremden Land mit erheblichem Erfolg abgeschlossen worden seien. Danach sei er von seinen Mitarbeitern und später auch von der Bank und vom Senat zu dem für alle schicksalhaften Engagement für das Projekt der Militärakademien in Saudi-Arabien ermutigt worden. Jedoch, so bekannte Garski, seien wohl die „Tücken und Risiken" dieses Großprojekts „in einem für uns immer noch fremden Kultur- und Rechtsraumes" unterschätzt worden.

„V

Sehr typisch

»Der **typische Abzahlungskäufer** ist der ältere Arbeiter mit sehr geringem Einkommen ohne höhere Schulbildung, der in einem älteren Haushalt mit geringer Ausstattung lebt.

Der **typische Kreditnehmer eines finanzierten Abzahlungsgeschäfts** ist der Arbeiter in mittleren Jahren, mit eher geringem Einkommen ohne höhere Schulbildung, der in einem mittelalten Haushalt mit geringer Ausstattung lebt.

Der **typische Ratenkreditnehmer im direkten Bankgeschäft** ist Angestellter in mittleren Jahren ohne höhere Schulbildung mit einem eher hohen Einkommen, der in einem jungen Haushalt mittlerer Ausstattung lebt.

Der **typische Kunde des Kreditvermittlers** ist der Arbeiter in mittleren Jahren ohne höhere Schulbildung mit eher geringem Einkommen, der in einem jungen Haushalt mit geringer Ausstattung lebt.

Der **typische Festkreditnehmer** hat die gleichen Merkmale wie der typische Ratenkreditnehmer im direkten Bankgeschäft, sein Haushalt hat jedoch schon eine gute Ausstattung.

Der **typische Dispositionskreditnehmer** ist Angestellter in mittleren Jahren mit eher hohem Einkommen und höherer Schulbildung und lebt in einem noch jungen Haushalt.

Der **typische Kreditkartenbesitzer** ist Selbständiger in mittleren Jahren mit hohem Einkommen und höherer Schulbildung.

Der **typische Leihhauskunde** ist der Selbständige in mittlerem Alter mit höherem Einkommen.« — Dazu ergänzend die »Klienten der verschiedenen Geldkreditgeber« (S. 22 ff.):

»Der Kreditnehmer bei den **Großbanken** ist eher Angestellter oder Selbständiger in mittleren Jahren mit überdurchschnittlicher Schulbildung und eher höherem Einkommen.

Der **Sparkassenkunde** ist eher Arbeiter oder Beamter jüngeren Alters mit überdurchschnittlicher Schulbildung und durchschnittlichem Einkommen.

Der Kunde bei der **Genossenschaftsbank** ist eher Angestellter oder Beamter jüngeren Alters mit unterdurchschnittlicher Schulbildung und leicht unterdurchschnittlichem Einkommen.

Der **Teilzahlungsbankenkunde** ist eher Arbeiter oder Selbständiger in mittleren bis älteren Jahren mit stark unterdurchschnittlicher Schulbildung und eher niedrigerem Einkommen.«

Aus: Die Praxis des Konsumentenkreises in der BRD, Köln 1982.

Ein Beispiel

Ein Kredit von 1000 DM kostet bei einer Laufzeit von zwölf Monaten 0,7 Prozent Zinsen pro Monat und zwei Prozent Bearbeitungsgebühr vom ursprünglichen Darlehen. Außerdem zieht der Kreditvermittler 50 DM als Provision ab, so daß nur 950 DM ausgezahlt werden. Darüber hinaus werden in Rechnung gestellt: Fünf DM Antragsgebühr und für jede Rate eine DM Inkassospesen.

- **Erster Rechenschritt: Ausgezahlter Betrag plus Provision (oder andere fremde Kosten) ergeben den eingeräumten Kredit.**

Also: 950 DM plus 50 DM gleich 1000 DM.

- **Zweiter Rechenschritt: Alle Kosten (auch die aus dem ersten Rechenschritt) zusammenzählen.**

Also: 50 DM Provision, 84 DM Zinsen (0,7 Prozent pro Monat von 1000 DM), 20 DM Bearbeitungsgebühr (zwei Prozent von 1000 DM), fünf DM Antragsgebühr und zwölf DM Inkassospesen (1 DM pro Rate). Macht zusammen 171 DM.

- **Dritter Rechenschritt: Kosten mal 100 geteilt durch den ausgezahlten Betrag ergeben die Kosten in Prozent.**

Also: 171 mal 100 geteilt durch 950. Das ergibt 18 Prozent.

- **Vierter Rechenschritt: Die Kosten in Prozent mal 24 geteilt durch die Laufzeit in Monaten plus eins ergeben die effektive Jahresbelastung.**

Also: 18 mal 24 geteilt durch 13 (12+1). Das macht 33,23 Prozent.

Ergebnis: Der Kredit ist um 67 DM teurer. Die tatsächliche Jahresbelastung beträgt 33,23 Prozent.

Banker

Butter auf dem Brot

Hamburg (dpa/vwd) — Die Vorstandsmitglieder der Deutschen Bank verdienen im Vergleich zu ihren „Kollegen“ in anderen deutschen Banken nach wie vor am besten. Mit einem durchschnittlichen Jahreseinkomen von 1,145 Millionen DM brutto lagen die zwölf Vorstandsmitglieder des größten deutschen Bankinstitutes im vergangenen Jahr laut einer Analyse des Hamburger Wirtschaftsmagazins „Capital“ eindeutig an der Spitze. Etwas weniger, aber deutlich mehr als 1983, läßt der Nachbar Dresdner Bank den Mitgliedern der Chefetage zukommen. Nach einer zwölfprozentigen Gehaltserhöhung verdienten sie 1984 im Durchschnitt 827.144 DM. Die dickste Gehaltszulage haben im vergangenen Jahr die 14 Vorstandsmitglieder der Bayerischen Hypo-Bank erhalten. Bei ihnen standen im vergangenen Jahr mit 727.143 DM brutto gut 32 Prozent mehr auf dem Gehaltszettel.

Sehr geehrte Kundin,
sehr geehrter Kunde,

die Verbände der Kreditwirtschaft haben die Auskunftserteilung durch Kreditinstitute mit den Datenschutzbehörden eingehend erörtert. Es besteht Einigkeit darüber, daß dem Bankgeheimnis für die Wahrung des Persönlichkeitsrechts in den Geschäftsbeziehungen zwischen Kunde und Kreditinstitut — unverändert — wesentliche Bedeutung zukommt. Deshalb dürfen Bankauskünfte nur erteilt werden, sofern dies dem Willen des Kunden entspricht. Darüber hinaus können die Kreditinstitute aufgrund gesetzlicher Bestimmungen verpflichtet sein, Auskünfte zu erteilen (z. B. im Strafverfahren, Steuerverfahren). Für das Bankauskunftsverfahren (Nr. 10 AGB) gelten nunmehr folgende Regeln:

1. Die Bank ist berechtigt, über **Geschäftskunden** (juristische Personen und Kaufleute, die im Handelsregister eingetragen sind) Bankauskünfte zu erteilen, sofern ihr keine anderslautende Weisung des Kunden vorliegt.

2. Bankauskünfte über **Privatkunden** (alle sonstigen Personen und Vereinigungen) erteilt die Bank nur dann, wenn diese allgemein oder im Einzelfall ausdrücklich zugestimmt haben.

3. Bankauskünfte sind allgemein gehaltene Feststellungen und Bemerkungen über die wirtschaftlichen Verhältnisse des Kunden, seine Kreditwürdigkeit und Zahlungsfähigkeit; betragsmäßige Angaben über Kontostände, Sparguthaben, Depot- oder sonstige der Bank anvertraute Vermögenswerte sowie Kreditinanspruchnahmen werden nicht gemacht.

4. Bankauskünfte erhalten nur eigene Kunden sowie andere Kreditinstitute für deren eigene Zwecke und die ihrer Kunden; sie werden nur erteilt, wenn der Anfragende ein berechtigtes Interesse an der gewünschten Auskunft glaubhaft darlegt.

Im übrigen werden auch Daten über Kunden an die Schutzgemeinschaft für allgemeine Kreditsicherung (Schufa) weitergegeben. Über Einzelheiten des Schufa-Verfahrens erteilen wir Ihnen auf Wunsch gern nähere Auskunft.

Aus: BfG-Kundeninformation, Grundsätze des Bankauskunftsverfahrens

Noch mehr aus dem Eichborn Verlag

Jede Menge Zoff / für Studienrat und Prof. Erste, einzige und ausführliche Anleitung zum Schummeln, Spicken und Vortäuschen von Prüfungswissen. Ein Buch, das jeden Notendurchschnitt sprunghaft verbessert. Listig, lustig, raffiniert. Schülerfreundlicher Preis: **10,— DM** (1024)

Das ist Schummeln total. Neue Tricks für Fortgeschrittene. Chemie, Taschenrechner, Homecomputer, Sender und Empfänger werden angewandt und wissenschaftliche Testverfahren übertölpelt. Dazu Mogelgeständnisse Prominenter. — Kaufen und ausprobieren! **10,— DM** (1033)

So werden Lehrer auf Trab gebracht! Jede Menge Tips, Hinweise, Handlungsanleitungen, Strategien und Gemeinheiten, wie man dumpfautoritäre Lehrkörper unter Streß setzt. **Das Lehrbuch für die effektive Schüler-Notwehr; nur 10,— DM** (1030)

Lehrer, Eltern, Chefs, Hauswirte ecetera denken, du bist blöd. Von wegen! Kohle von den Eltern, anständige Noten, geile Kleidung, Ausgang nach Lust und Laune — hol sie dir. Du hast massig Rechte. Welche? Nachschaun! Hier! **10,— DM** (1035)

An alle Bürger dieser Republik: Besorgt euch dieses Überlebensbuch gegen Bürokratenwillkür und Datenverarbeitung. Es liefert wirkungsvolle Tricks und Tips zum Ärgern der Beamtenseele. Das ist konstruktive Subversion, wie wir sie lieben. — Für alle, denen die verwaltete Welt stinkt. **10,— DM** (1019)

Lehrer, Kindergärtnerinnen, Hausbesitzer, Kontrolleure, Schrebergärtner und Kirchenvorsteher halten Kinder für halslose Ungeheuer. Ergo kriegen sie ihren Ratgeber zur Bekämpfung dieser Brut. Mit Kinderhasser-Lexikon im Anhang. — Auch für entnervte Eltern von Nutzen. Ätzende Zeichnungen. **10,— DM** (1816)